ICONOLOGIE,

OU

TRAITÉ DES ALLÉGORIES,

EMBLÊMES.

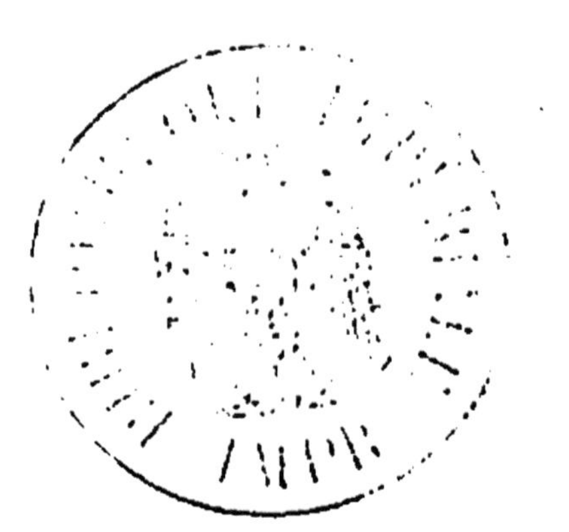

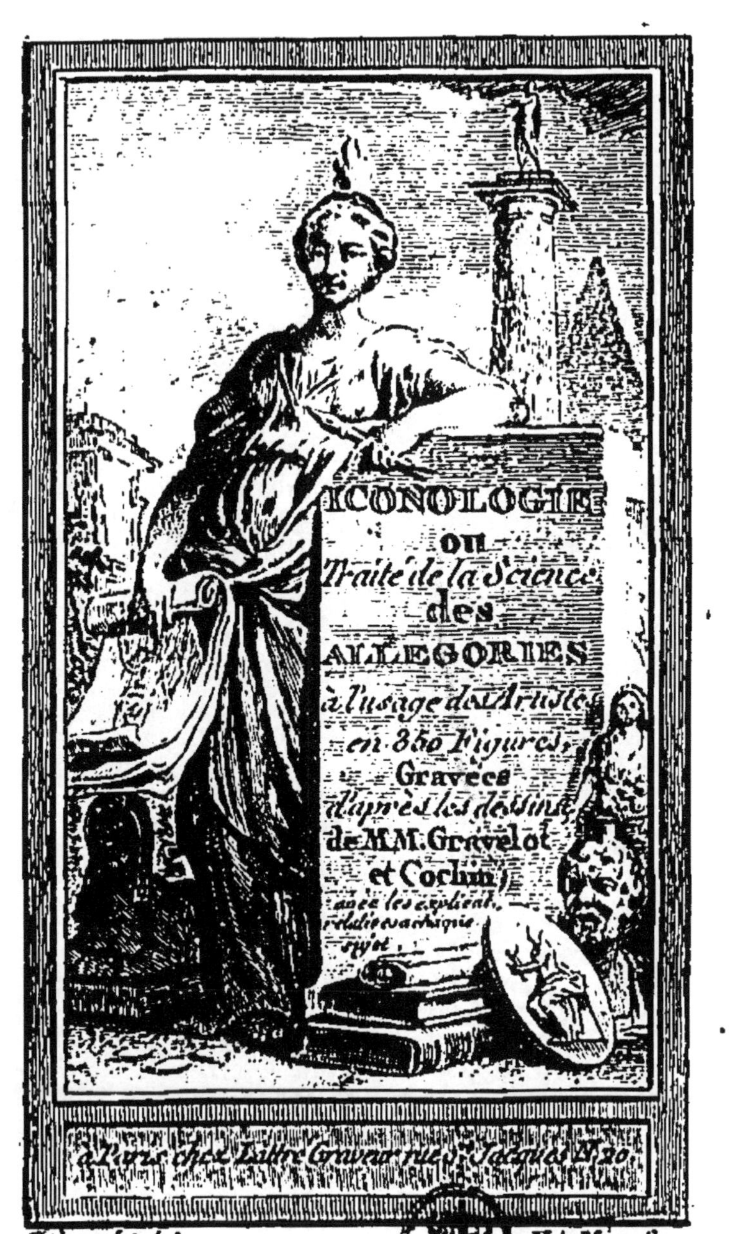
ICONOLOGIE
ou
Traité de la Science
des
ALLEGORIES
à l'usage des Artistes
en 350 Figures
Gravées
d'après les desseins
de MM. Gravelot
et Cochin,
avec les explications
relatives à chaque
sujet
H. Gravelot del.
N. le Mire Sc.
à Paris chez Lattré Graveur rue St Jacques N° 20

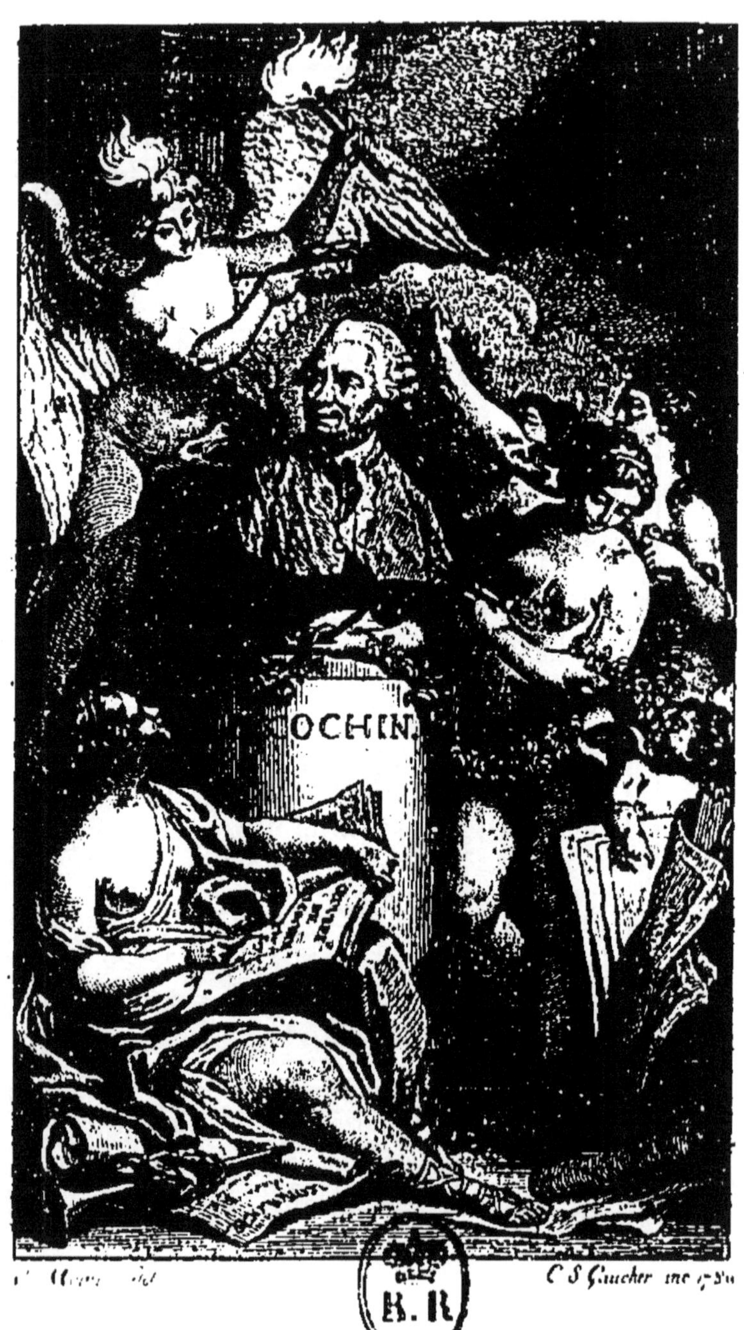
OCHIN.

A LA MÉMOIRE DE COCHIN.

Les Graces ornent de guirlandes le buste de *Cochin* ; la muse de l'histoire consacre le nom de cet artiste dans ses fastes, et tandis que le génie du dessin indique les productions de *Cochin*, le dieu du goût dépose sur son buste la couronne réservée à ceux qu'il inspire.

AVIS DE L'ÉDITEUR.

La publication de cet Ouvrage, imprimé en 1791, vieux stile, a été retardée par la mort de l'artiste qui en avoit conçu le projet. L'exécution en fut confiée d'abord à Gravelot, dont le mérite et la réputation répondoient du succès. Cochin, à la mort de Gravelot, se chargea de la continuation de l'Iconologie ; le nom de Cochin *suffit* pour rappeler aux amateurs l'idée d'un artiste célèbre, qui sut allier au goût et au génie toutes les connoissances relatives à son art, et dont la mémoire sera long-temps cher à ceux qui l'ont connu.

Cochin *s'étoit apperçu* que le plan adopté par Gravelot *ne comportoit* ni l'étendue, ni les développemens indispensables dans un traité d'Iconologie, et s'étoit proposé de refondre en entier le texte de l'Ouvrage. Un artiste aussi distingué par ses talens que par ses connoissances littéraires, le citoyen Gaucher, a bien voulu se charger de ce soin et ajouter un grand nombre d'articles qui ne seroient sûrement point échappés à la sagacité de Cochin.

Lorsque plusieurs figures ont entre elles des rapports nécessaires ou que leurs attributs se prêtent des secours mutuels, on a cru devoir les réunir dans la même estampe ; mais on ne trouvera écrit au bas que le nom de la figure principale ; la Table générale, placée à la fin du dernier *volume, indiquera l'article dont on aura besoin, indépendamment de celles qui se trouvent à chaque volume.*

Dans un traité d'Iconologie, les figures ne doivent point être regardées comme accessoires, puisqu'elles en font la partie essentielle ; parmi les artistes qui les ont exécutés, il suffira de nommer Aliamet, Saint-Aubin, Choffard, Lemire, Delaunai, Massard, pour être persuadé qu'on n'a rien négligé de ce qui pouvoit contribuer à rendre cet Ouvrage digne de l'accueil des artistes, des amateurs et du public éclairé.

DISCOURS

PRÉLIMINAIRE.

Dans la poésie, dans la peinture, dans tous les arts qui parlent à l'imagination, et dont le but est d'instruire et de plaire, c'est toujours sous le voile de l'allégorie que la morale présente aux hommes des vérités consolantes, des préceptes utiles, et l'histoire emprunte souvent le même langage pour conserver la mémoire d'un événement, consacrer un fait héroïque, immortaliser une action généreuse.

On peut appliquer à l'allégorie ce qu'un homme de goût (1) a dit de la mythologie : *c'est une des plus belles*

(1) Marmontel, *élémens de littérature*, tome IX.

inventions de l'esprit humain. En effet, ouvrons l'Iliade : ce qui intéresse, séduit, enchante, est bien moins l'implacable vengeance des Grecs, qui anéantissent une nation entière, pour la punir du crime d'un de ses chefs, que l'art ingénieux avec lequel les passions sont personnifiées ; que ces fictions brillantes, qui sont l'ame de la poésie comme de la peinture ; *Homère*, sous ce rapport, pourroit être considéré comme le créateur de l'allégorie.

L'intelligence de l'allégorie s'acquiert par la connoissance approfondie des attributs, des emblêmes imaginés par les anciens, et que l'usage a consacrés. L'étude de cette science, qui

se nomme Iconologie (1) , doit être ,
en quelque sorte , le code des artistes
en tout genre ; non-seulement elle
sert à expliquer les figures placées sur
les monumens antiques , les médailles ,
les pierres gravées ; mais elle indique
encore le choix qu'on doit faire des
êtres moraux ou métaphysiques , pour
donner à l'allégorie l'expression , le
sentiment , le caractère poétique qui
lui est propre.

Nous ne parlerons point des anciens
anteurs qui ont écrit sur cette matière ;
et parmi les modernes, nous ne citerons
que ceux dont les ouvrages ont acquis
le plus d'autorité , afin qu'on puisse
éviter les erreurs dans lesquelles la

____

(1) Ce mot vient d'εικων , *image* , et de
λογος , *discours*.

plupart sont tombés , d'après l'idée
qu'ils avoient faussement conçue de
l'allégorie.

Vers le milieu du seizième siècle ,
Piérius Valérianus consacra ses veilles
à des commentaires sur des hiéroglyphes égyptiens; *Cœlius* ajouta deux
livres à cet Ouvrage qu'il orna de
figures , et dont *Schwalemberg* publia
un abrégé à Leipsick en 1606. Mais
comme les hiéroglyphes avoient une
destination entiérement opposée à celle
que doit avoir l'allégorie , les commentaires de *Piérius* n'ont que trop
souvent égaré ceux qui l'ont suivi dans
ses explications conjecturales (1).

---

(1) On ne doit pas confondre , dans cette
foule d'écrivains , l'auteur du *Dictionnaire*

Les emblèmes d'*Alciat* parurent ensuite, accompagnés de gravures en bois, ainsi que les hiéroglyphes de *Valérianus*, et furent également traduits en plusieurs langues. Quoique cet ouvrage ne soit guère connu en France que par l'espèce de ridicule dont *Boileau* voulut le couvrir, il faut avouer cependant que la morale, dans les emblèmes d'*Alciat*, est présentée avec esprit, ornée avec grace, mais on y rencontre rarement la clarté, la

---

Iconologique; son ouvrage offre des recherches utiles et intéressantes, faites d'après les médailles, les poëtes, les peintres et les statuaires célèbres : mais en indiquant le précepte, l'auteur ne peut y joindre l'exemple, son ouvrage étant privé du secours des estampes.

justesse , la convenance dans le choix des figures.

Tandis qu'en Italie la peinture étoit portée au plus haut degré de perfection , *César Ripa* fit paroître son Iconologie ; mais loin de suivre l'exemple des plus célèbres artistes, en étudiant, en profitant des pensées heureuses que lui offroient les monumens antiques de la Grèce et de Rome, *Ripa* prit servilement l'idée de la plupart de ses figures dans *Artémidore* ou dans les auteurs que nous venons de citer , et ne sut jamais se pénétrer de cette vérité importante , que l'allégorie , pour servir de langue universelle à toutes les nations , a besoin d'être claire, expressive , éloquente ; privée de ces qualités indispensables , elle n'offre plus qu'une énigme obscure , déplacée , fatiguante , semblable à celles que les Égyptiens s'efforçoient de couvrir d'un voile impénétrable , pour en dérober la connoissance à ceux qui n'étoient point initiés à leurs mystères. D'ailleurs , avec assez d'érudition , *Ripa* manquoit de goût ; et pour s'en convaincre , il suffit de jeter les yeux sur cette multitude do figures monstrueuses qui doivent être proscrites dans la peinture, et sur lesquelles *Horace* s'égaye si plaisamment dans les premiers vers de son art poétique (1) :

Humano capiti cervicem pictor equinam

Jungere si velit, ...

____

(1) Parmi ces figures bizarres qui se reu-

Un autre écueil, qu'on doit également éviter, est le néologisme, ou l'abus des nouveaux emblêmes; jamais on ne doit oublier qu'il n'est permis qu'à un homme de génie d'enrichir la langue d'une nouvelle expression, et qu'alors même on a le droit d'exiger qu'elle réunisse à la fois la clarté, l'élégance, la précision, l'énergie, ou bien l'on s'expose aux reproches que nous venons de faire au chevalier *Ripa*.

Nous ne devons pas omettre de dire un mot sur les emblêmes Satyriques,

---

contrent fréquemment dans l'ouvrage de *Ripa*, l'on se borne à citer celles-ci : *Éternité*, *Tromperie*, *Fraude*, *Prudence*, *Théologie*, *Gloutonnerie*, *Concorde-invincible*, etc.

ce genre est à la peinture ce que l'épigramme est à la poésie. Renfermée dans ses justes bornes, l'épigramme est permise ; mais elle devient odieuse lorsque la calomnie l'emploie. Pour punir ou pour corriger le vice, l'allégorie peut donc, en riant, s'amuser à lancer un trait malin ; alors elle prend un caractère léger, piquant, folâtre ; rien ne lui résiste quand elle emprunte l'arme du ridicule, et c'est par la gaieté, par la finesse qu'elle acquiert encore plus de force et d'énergie.

Profiter des lumières et se garantir des défauts de ceux qui nous ont précédés dans la même carrière ; puiser dans les sources fécondes de l'antiquité, mais toujours avec discernement ; consulter les poëtes et les peintres célèbres , dont les pensées ingénieuses ont enrichi l'allégorie , telles sont les obligations qu'on s'est imposées , et l'esprit dans lequel on a tâché d'exécuter cet ouvrage.

En évitant d'être prolixe, en s'attachant à rendre le style clair et précis, on n'a cependant point négligé d'indiquer les attributs, les symboles dont les anciens ou les modernes ont fait usage, lorsqu'on n'a pas jugé convenable de les employer.

Un traité d'Iconologie doit convenir à toutes les nations qui cultivent les beaux arts, c'est pourquoi l'on ne s'est permis aucune réflexion politique sur les divers gouvernemens de l'Europe ; mais pour donner à cet ouvrage un nouveau degré d'intérêt et d'utilité générale , en le rendant nécessaire à l'éducation des jeunes personnes de l'un et de l'autre sexe , on s'est appliqué particulièrement à mettre sans cesse la morale en action , à peindre les vertus et les vices sous les traits qui les caractérisent , et avec les couleurs propres à faire chérir et pratiquer les unes , de même qu'à faire naître pour les autres l'aversion et l'horreur qu'ils doivent inspirer.

XVI)

ICONOLOGII

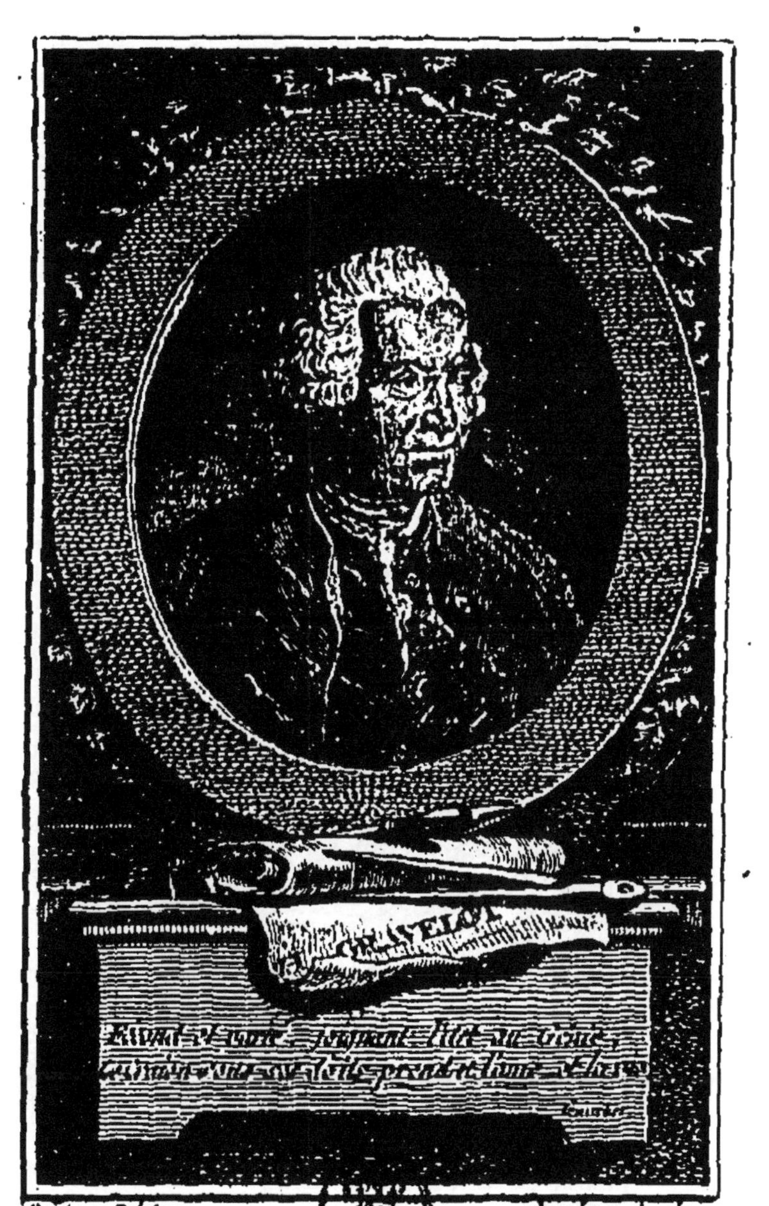

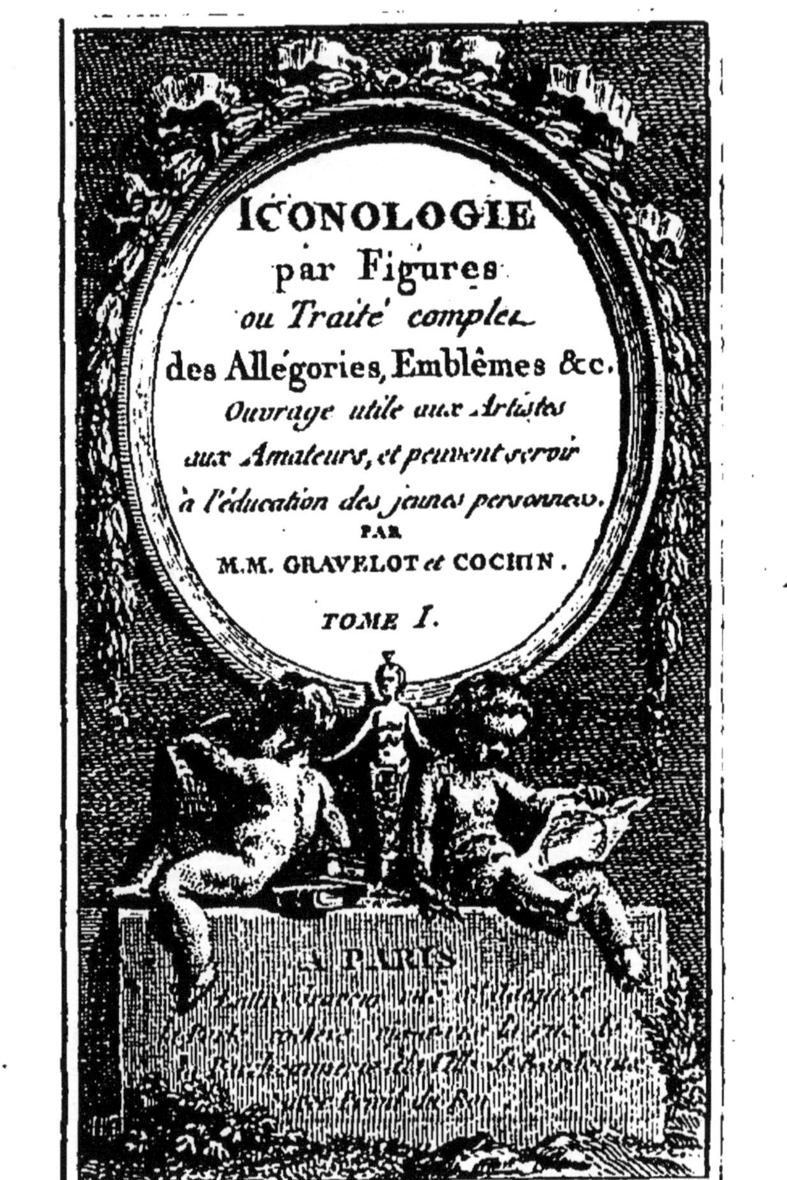

ICONOLOGIE
par Figures
ou Traité complet
des Allégories, Emblêmes &c.
Ouvrage utile aux Artistes
aux Amateurs, et peuvent servir
à l'éducation des jeunes personnes.
PAR
M.M. GRAVELOT et COCHIN.

TOME I.

H. Gravelot inv.
N. Choffard sculp.

ICONOLOGIE.

Cette figure ne pouvoit être mieux placée qu'à la tête de cet ouvrage, auquel elle sert de frontispice. *L'Iconologie*, comme son nom l'indique, est la science des Images ; elle enseigne à peindre les allégories, les emblêmes, les symboles néceffaires pour caractérifer les vertus, les vices, les paffions, en un mot tous les êtres moraux & métaphyfiques. Les deffins que déploye d'une main *l'Iconologie*, & le crayon qu'elle tient de l'autre, ont paru les attributs les plus propres à la défigner. La flamme du génie qui brille fur fa tête, exprime que, dans tous les arts, l'invention eft la partie la plus éminente. Les monumens antiques qui fe voyent autour de *l'Iconologie*, font les autorités fur lefquelles elle eft fenfée s'appuyer, & qui fervent de bafe à cette fcience.

Voyez le Difcours préliminaire.

(2)

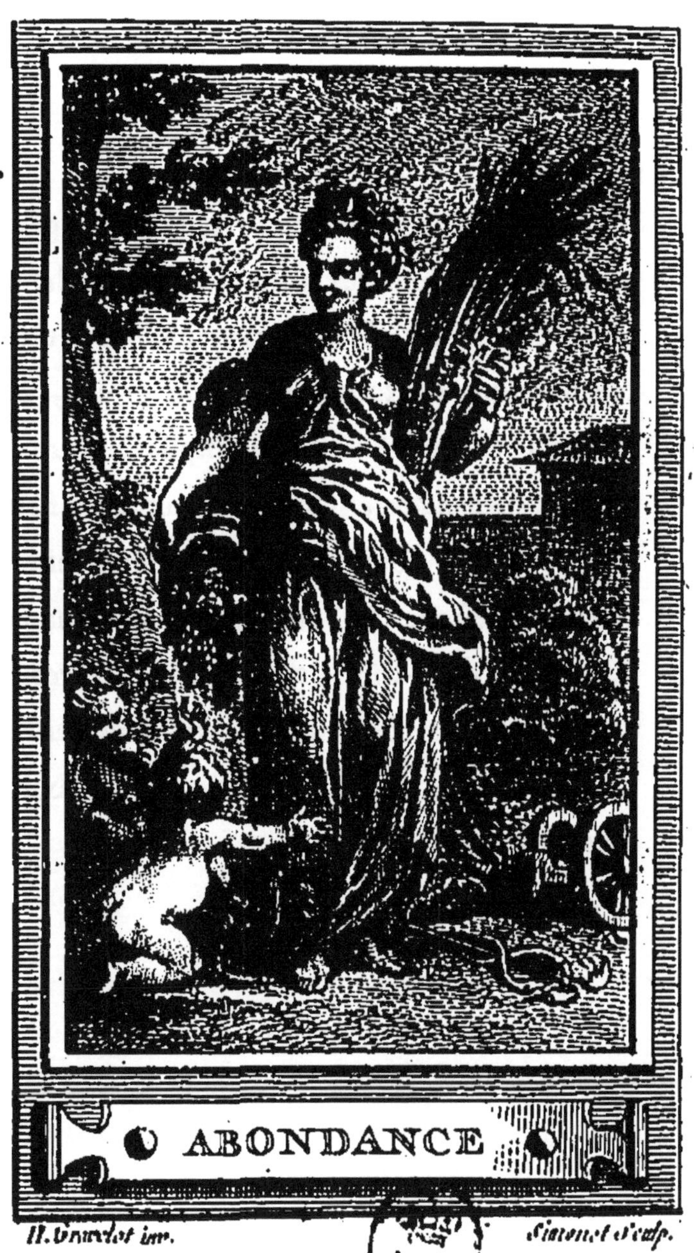

ABONDANCE

ABONDANCE.

Divinité allégorique, repréſentée par les iconologiſtes ſous les traits d'une nymphe couronnée de fleurs. D'une main elle porte un faiſceau d'épis de toutes ſortes de grains, & de l'autre la corne d'Amalthée remplie des fruits que répand l'*Abondance*. On la couronne de fleurs, parce que ce ſont elles qui l'annoncent. La charrue déſigne les travaux à qui nous la devons; c'eſt-à-dire l'agriculture, ſource des vraies richeſſes. Le caducée, emblême du commerce, eſt encore un des principaux attributs de l'*Abondance*.

(4)

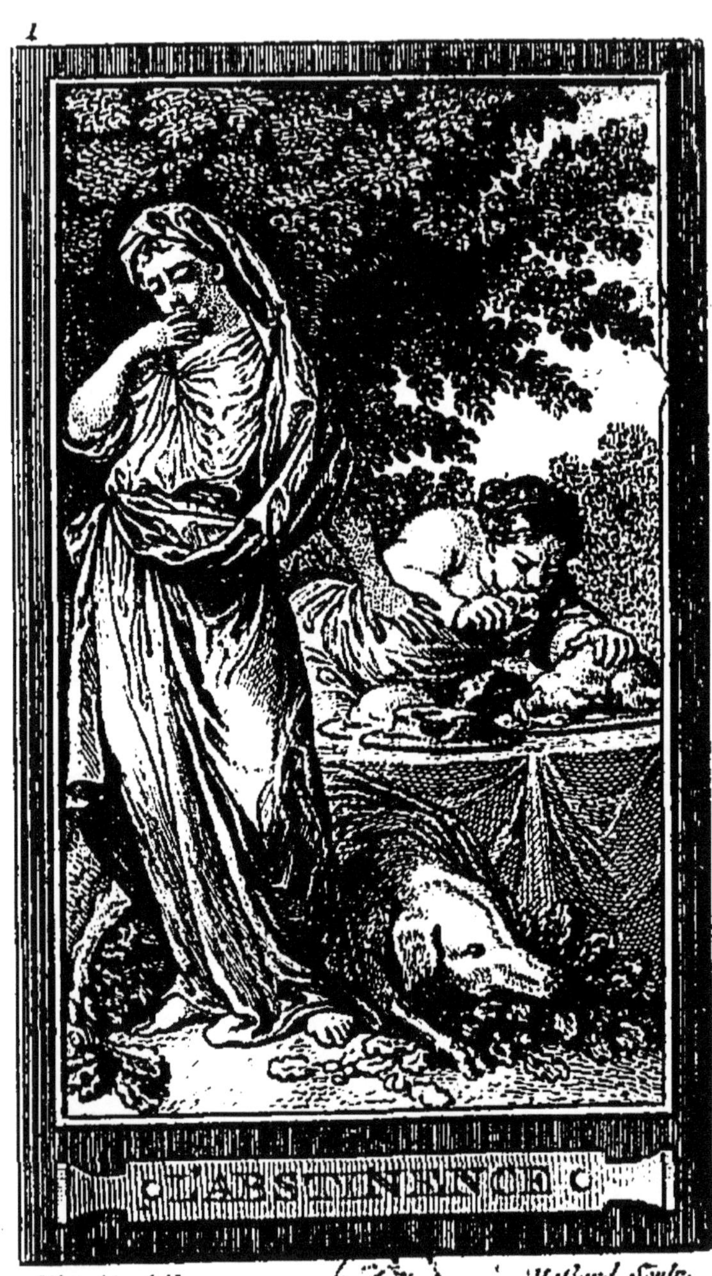

C. N. Cochin del.   Halbou Sculp.

ABSTINENCE.

Vertu qui confiſte à s'abſtenir des choſes défendues par la morale ou la religion. On repréſente l'*Abſtinence* par une femme qui ſe ferme la bouche avec la main, & de l'autre indique pluſieurs viandes dont elle ſemble s'é-loigner avec réſignation.

GOURMANDISE.

On peint ce vice ſous les traits d'une femme exceſſivement graſſe, qui ſe jette ſur une table pour manger, avec avidité, les mets dont elle eſt couverte. L'emblême de la *Gourmandiſe* eſt un porc ; on l'apperçoit ſous la table qui dévore une branche de chêne chargée de glands.

(6)

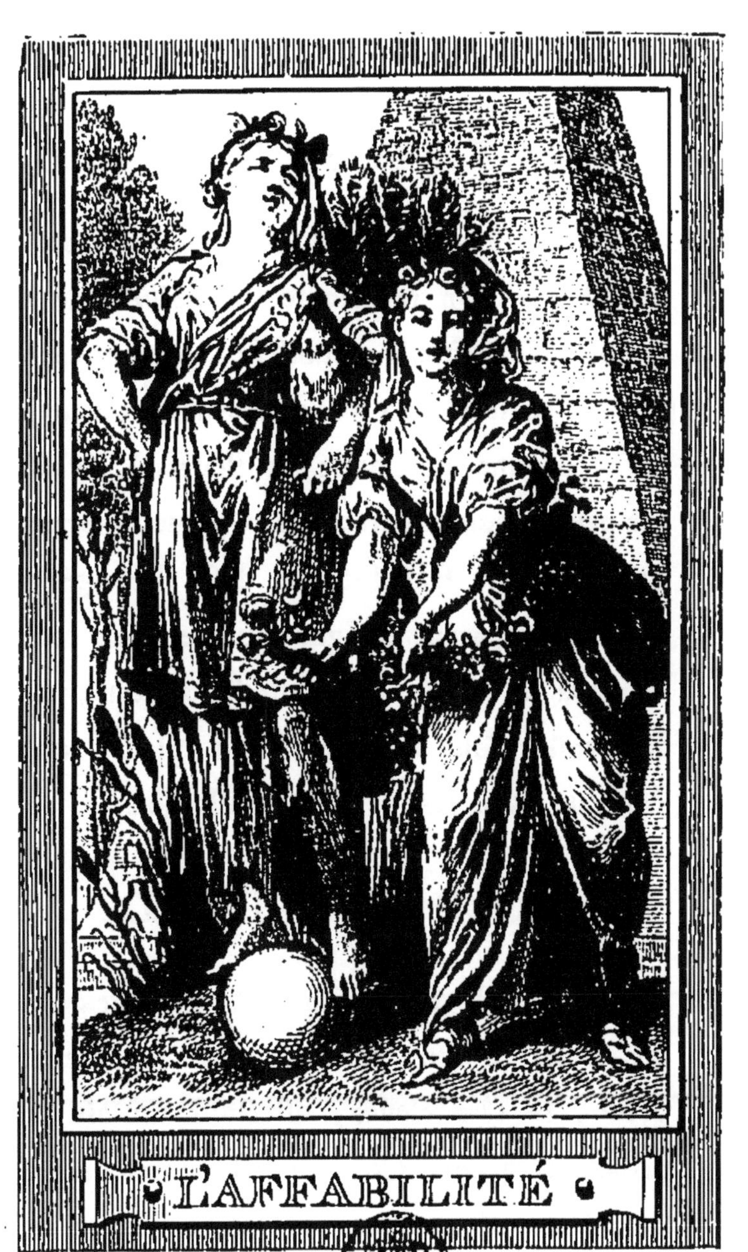

L'AFFABILITÉ
C. N. Cochin del.
Simonet Sculp.

AFFABILITÉ.

QUALITÉ qui naît d'un caractère doux & affectueux. On repréfente l'*Affabilité* par une jeune fille, fimple, modefte, couronnée de fleurs, coëffée d'un voile très-clair, tenant des rofes & une guirlande de fleurs. L'*Affabilité* eft peinte jeune, parce que la jeunefse montre, avec plus de franchife, le defir d'obliger; le voile tranfparent défigne qu'elle n'eft cachée ni dans fes paroles, ni dans fes actions; enfin les rofes font l'emblême du plaifir qu'on éprouve avec les perfonnes affables.

ORGUEIL.

LES iconologiftes peignent l'*Orgueil* fous les traits d'une jeune femme fuperbement vêtue, la tête élevée, affectant un air mé-prifant & altier. Ce vice eft repréfenté fous l'emblême d'une jeune perfonne, parce qu'il eft le défaut ordinaire de la jeunefse; le paon, ſymbole connu de l'*Orgueil*, doit être donné pour attribut à la figure qui le repré-ſente. Elle porte un bandeau ſur les yeux qui l'empêche de connoître ſes défauts, de s'appercevoir que ſous ſes riches habits elle eſt couverte de lambeaux, & que, montée ſur une boule & perdant l'équilibre, elle eſt prête à tomber ; la chute étant ordinairement la puni-tion de l'*Orgueil.*

HAUTEUR.

ON doit obſerver que la *Hauteur* eſt plus relative à l'extérieur que l'orgueil ; un homme pourroit avoir de la hauteur ſans orgueil, au lieu que l'orgueilleux eſt ordinairement haut , fier & inſolent ; nous ne parlons pas ici d'un noble orgueil renfermé dans de juſtes bornes, & qui eſt l'oppoſé de la baſſeſſe. On peut donc peindre la *Hauteur* ſous les mêmes attributs que l'Orgueil ; mais ce vice ne doit pas être repréſenté avec des habits déchirés.

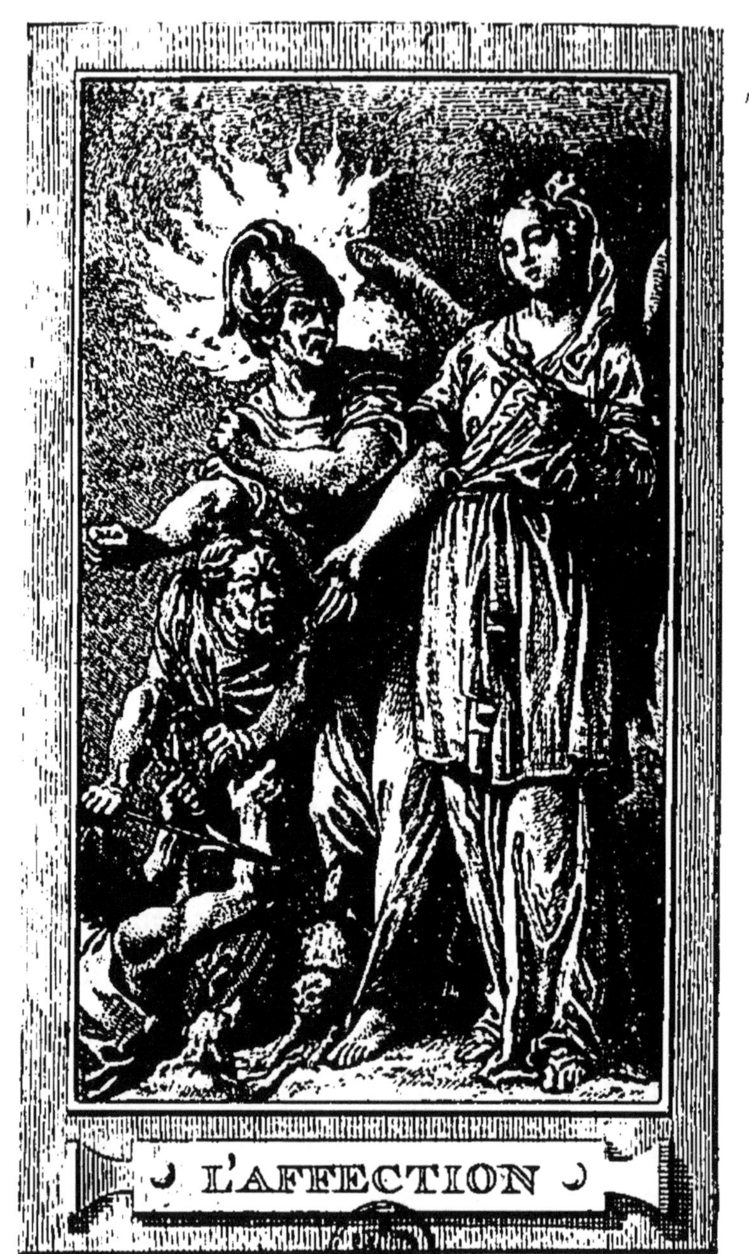

L'AFFECTION

AFFECTION.

Une femme vêtue d'habillemens verds, ayant des aîles au dos & une poule à ses pieds, est l'emblême sous lequel plusieurs iconologistes ont représenté l'*Affection*. Mais comme la poule pourroit faire équivoque, on a préféré le lézard, à cause de l'affection, vraie ou fausse, qu'on attribue à cet animal pour les hommes. Les aîles annoncent la célérité avec laquelle l'*Affection* vole au secours des personnes qui l'intéressent.

INIMITIÉ.

Ce vice diffère de la haîne, sa démarche est moins secrette. On le représente par une femme irritée, l'air menaçant, le casque en tête, & environnée de flammes. Aux pieds de cette figure on a placé un chien & un chat prêts à s'élancer l'un sur l'autre ; emblême de l'antipathie qui régne entre ces animaux.

OFFENSE.

On peut repréfenter l'*Offence* par une femme, dont l'afpect effrayant annonce le courroux & le projet de nuire; elle reçoit, des mains d'une furie, différentes armes dont elle fe difpofe à faire ufage pour affouvir fa fureur.

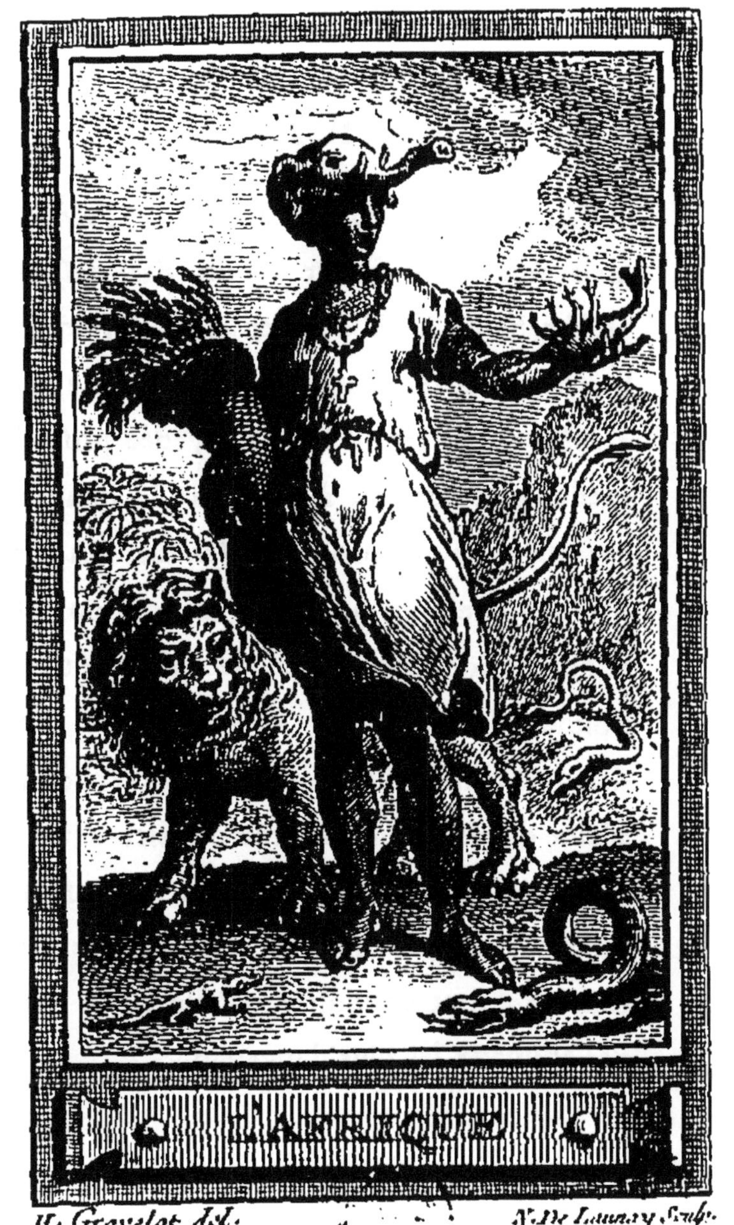

H. Gravelot del.   N. De Launay sculp.

AFRIQUE.

D'APRÈS l'hiſtorien Joſeph , l'*Afrique* a pris ſon nom d'Afer , l'un des deſcendans d'Abraham. Quelle qu'en ſoit l'étymologie, l'*Afrique* eſt repréſentée par une femme maure, coëffée d'une tête d'éléphant ; idée prife d'une médaille d'Adrien , à cauſe de la quantité de ces animaux que produit l'*Afrique*. On la peint preſque nue pour indiquer ſa poſition ſous la zone torride. Le collier de perles qu'on lui donne eſt la parure ordinaire des femmes dans ces climats brûlans. La corne d'abondance pleine d'épis , eſt l'emblême des riches moiſſons que produit l'*Afrique;* de même que le ſcorpion qu'elle tient, le lion & le ſerpent qui l'entourent, font connoître qu'elle eſt le berceau des animaux les plus dangereux.

(12)

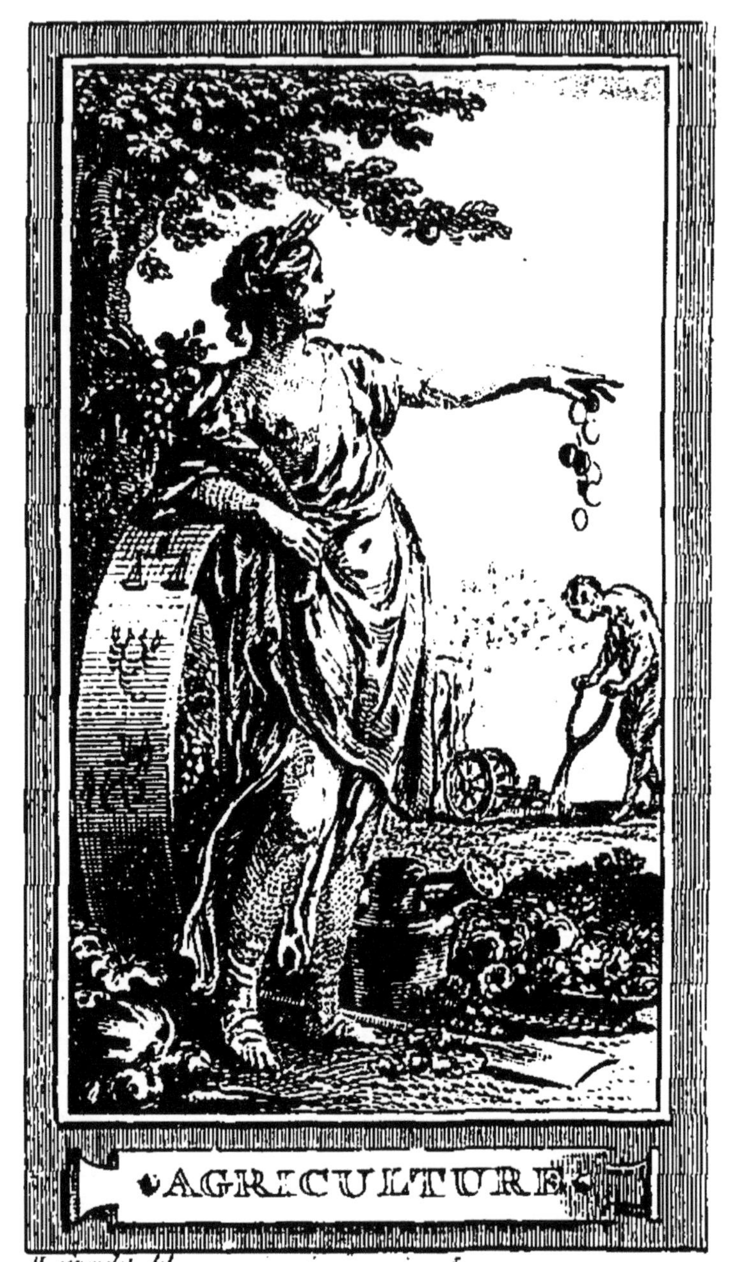

AGRICULTURE

AGRICULTURE.

Le premier, comme le plus utile de tous les arts, l'*Agriculture*, eſt repréſentée ſous l'emblême d'une femme couronnée d'épis & tenant la corne d'abondance ; ce qui, joint à l'or qu'elle répand de l'autre main, exprime que c'eſt à elle que ſont dues les plus eſſentielles & vraies richeſſes de l'état. L'*Agriculture* eſt appuyée ſur le zodiaque, pour marquer que les ſaiſons règlent ſes travaux ; autour d'elle ſe voyent quelque-uns de ſes attributs, fleurs, fruits, légumes & inſtrumens du jardinage. Le laboureur, ainſi que les côteaux couverts de vignes qu'on apperçoit ſur le dernier plan, achèvent de caractériſer l'*Agriculture*.

(14)

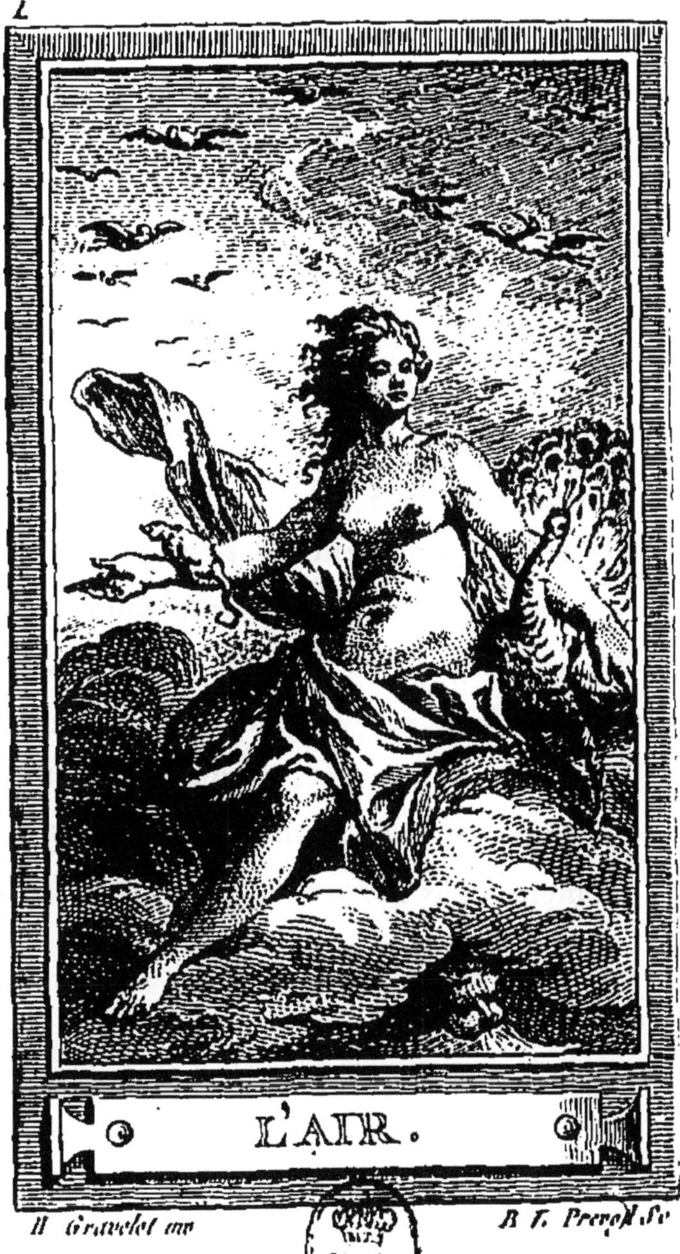

L'AIR.
H. Gravelot inv.
B. T. Prevost Sc.

A I R.

LES Iconologistes repréfentent l'*Air* par une femme affise fur des nuées; fes cheveux agités & fes draperies volantes, indiquent l'empire des vents. D'une main elle careffe le paon, animal favori de Junon, déeffe de l'*Air*; de l'autre main elle foutient un caméléon, que les anciens croyoient ne tirer fa fubfiftance que de cet élément. L'efpace autour de la figure ne pouvoit être plus convenablement rempli, que par les diverfes efpèces d'oifeaux & de volatiles, depuis l'aigle jufqu'au papillon & au moucheron, généralement compris dans l'expreffion poétique d'habitaus de l'*Air.*

ALLÉGRE.

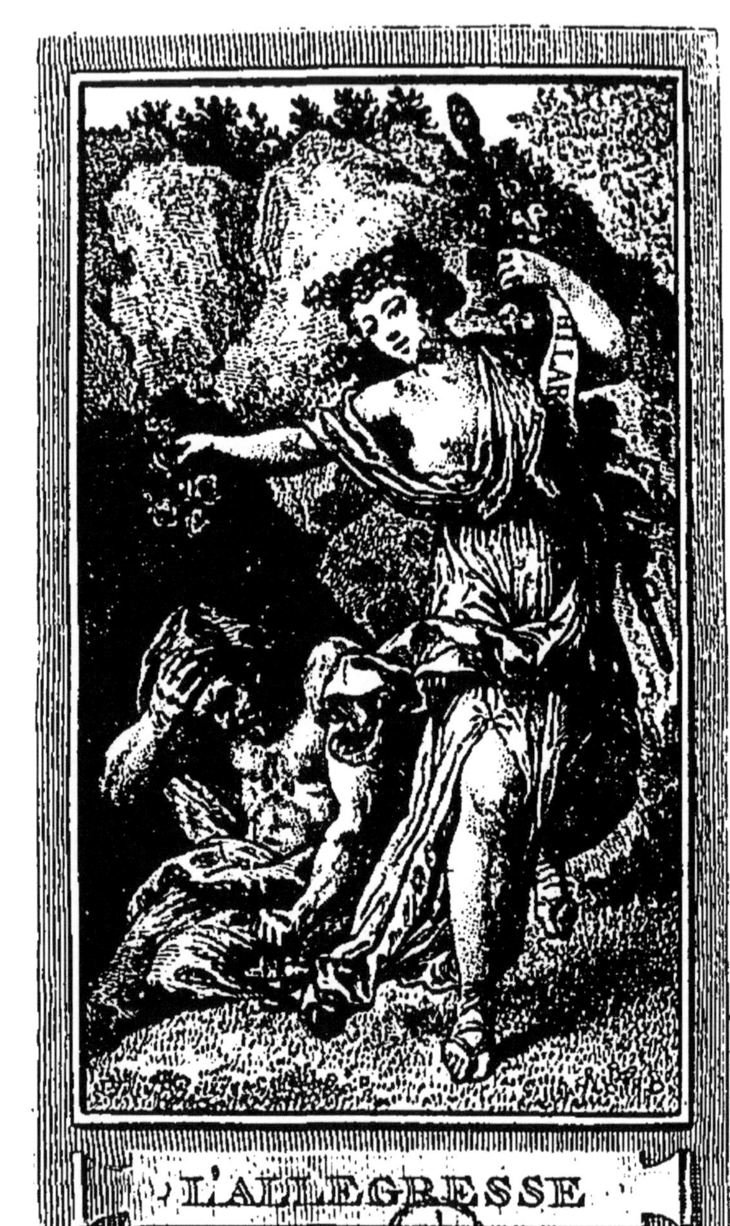

C. N. Cochin del.

Nehhart sculp.

ALLÉGRESSE.

UNE jeune nymphe vêtue de blanc, le fourire
fur les lèvres, exprimant la gaité, & foulant
d'un pied léger l'émail des prairies, eft l'emblême de l'*Allégreffe* & de la *Joie.* Sa tête eft
couronnée de fleurs ; d'une main elle répand des
rofes, & de l'aûtre tient un thyrfe entouré de
feuilles de vignes, & d'une bandelette fur
laquelle eft écrit : *Hilaritas.*

Lorfque l'on veut exprimer l'*Allégreffe pu-
blique,* on fait tenir à la figure qui la repréfente, une gerbe de bled, ou une corne
d'abondance remplie de fruits, & la devife
qu'on lui donne eft *Lætitia.*

CHAGRIN.

ON repréfente le *Chagrin* par un homme
âgé, vêtu de noir, la tête enveloppée d'un
pan de fa robe, appuyée fur la main droite,
& de la gauche exprimant dans une coupe le

fuc de l'abfinthe. Comme le *Chagrin* a fon fiége dans le cœur, où il occafionne une con-traction douloureufe, on a tâché de rendre cette image par une bleffure au milieu de la poitrine, d'où fe répandent quelques gouttes de fang.

AFFLICTION.

L'*AFFLICTION* diffère du chagrin en ce que la première eft quelquefois moins vive, mais toujours plus conftante que le fecond ; ainfi l'*Affliction* peut être peinte fous la figure d'une femme éplorée, gémiffante, affife au-près d'un tombeau, les cheveux en défordre, en proie à toute la douleur qu'elle éprouve. Comme le chagrin, elle peut s'abreuver d'ab-finthe, mais fur fa poitrine on ne doit point voir de bleffure.

TRISTESSE.

Sentiment douloureux qui eft plus extérieur

que l'affliction, & tient davantage au caractère.
On peut repréfenter la *Trifteffe* fous les traits
de la figure précédente, mais en fupprimant la
coupe d'abfinthe.

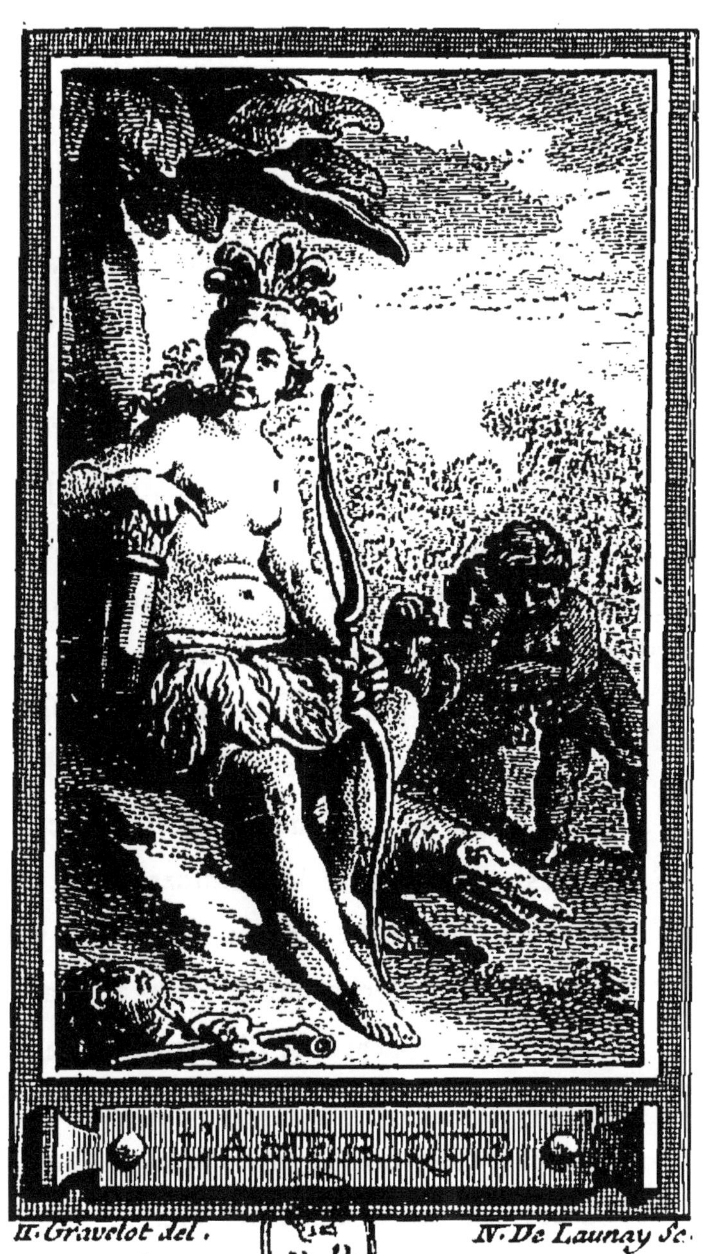

H. Gravelot del.   N. De Launay Sc.

AMÉRIQUE.

On fait que cette partie du monde, la plus étendue de toutes, étoit cependant ignorée des anciens, & qu'elle ne fut découverte par Chriftophe Colomb qu'en 1598 ; entreprife continuée cinq ans après par Améric Vefpuce, qui ravit au premier la gloire de lui donner fon nom. L'*Amérique* eft repréfentée par une femme ayant le teint olivâtre, coëffée & en partie vêtue de plumes ; ajuftement particulier aux peuples de ce continent. L'arc & les flèches font les armes avec lefquels, non-feulement les hommes, mais encore les femmes, vont combattre leurs ennemis. La tête féparée du tronc & percée d'une flèche qui fe voit au bas du tableau, fert à exprimer l'inhumanité des anciens habitans de cette partie de l'univers. Le calumet, c'eft-à-dire la pipe placée à côté, eft chez ces peuples le figne heureux de la paix ; c'eft pour cela qu'on y a attaché les aîles du

caducée de Mercure , symbole connu de la
paix. La pêche & la chasse , dont ces
peuples se nourrissent & font leur principale
occupation, est désignée par les deux enfans,
chargés l'un de poisson & l'autre de gibier. Le
caïman , sorte de crocodile , & l'arbre nommé
bananier, contribuent à caractériser le nouveau
monde, qui, en doublant les richesses de l'an-
cien, ne l'a pas rendu plus heureux.

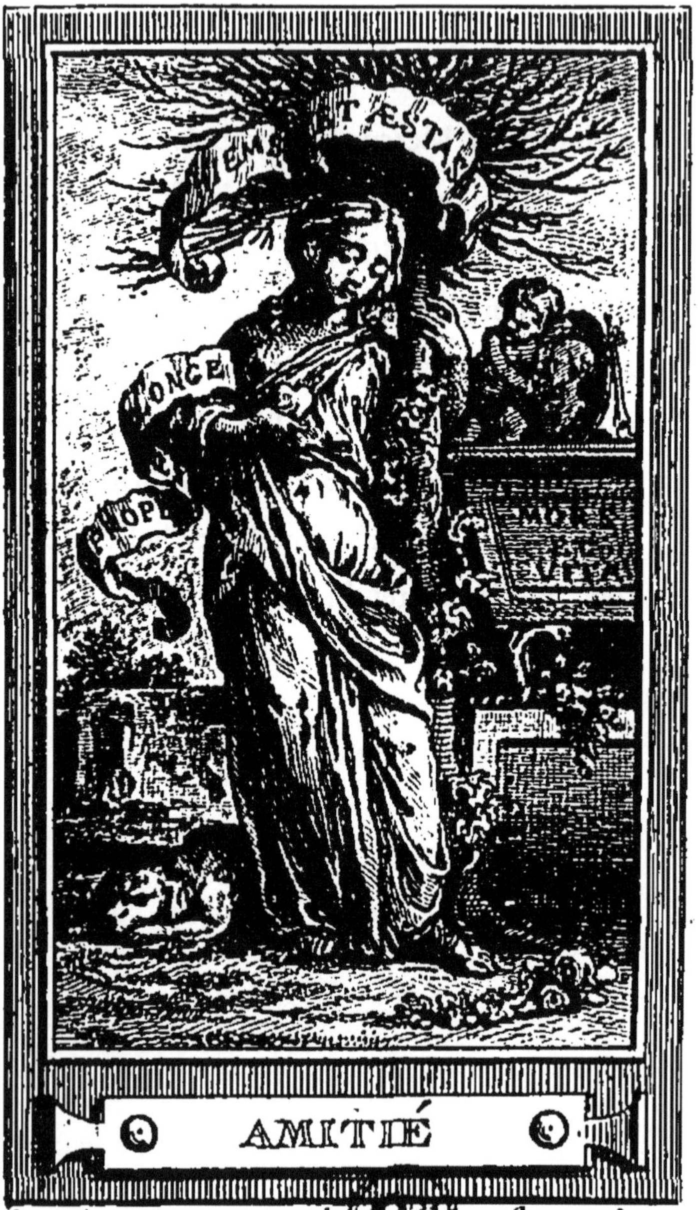

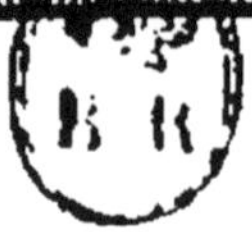

EM T'ESTA...
ONCE
PROP...
MORS...
VITA
AMITIÉ
Gravelot in.
Prevost Sac.

23

AMITIÉ.

COMMENT peindre ce fentiment plein de charmes, cette correfpondance d'affection qui, fondée fur la vertu & auffi invariable qu'elle, femble doubler notre exiftence ? On peut re-préfenter l'*Amitié* fous les traits d'une jeune femme vêtue d'une robe blanche ; lorfqu'on lui donne une couronne, elle doit être compofée de myrthe & de fleurs de grenadier entrelacés, avec cette devife : *Hiems & Ætas*, hiver & été. De la main droite l'*Amitié* montre fon cœur, où l'on fuppofe écrit ces mots : *Longe & prope*, loin & près ; enfin ceux-ci fe font lire fur un monument : *Mors & vita*, la mort & la vie. De la main gauche, l'*Amitié* embraffe un or-meau fec, entouré d'un fep de vigne ; allufion aux fecours que l'*Amitié* procure. La blan-cheur & la fimplicité de fes vêtemens, défi-gnent la pureté & la franchife ; les différentes légendes qui l'accompagnent s'expliquent affez

d'elles-mêmes , & l'union des fleurs qui com-
pofent fa couronne eft le fymbole de la puiffance
qui de deux volontés n'en fait qu'une feule.

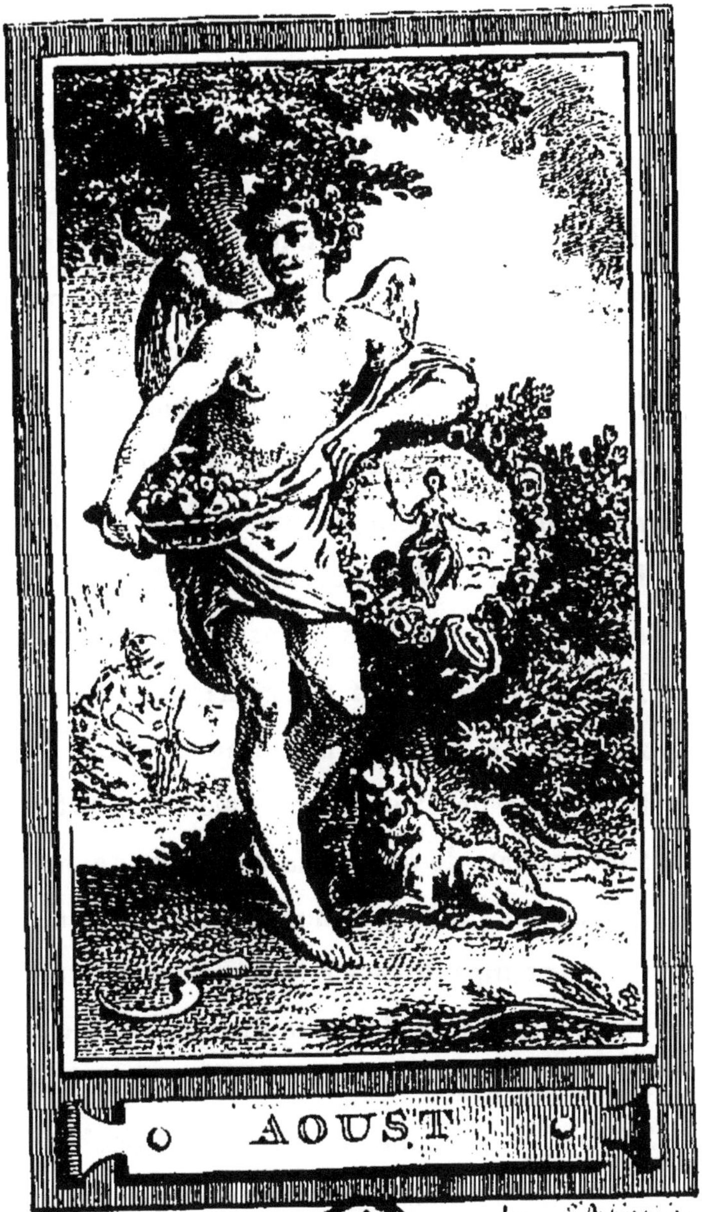

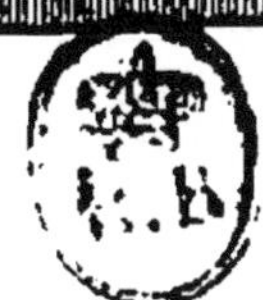

AOUST

AOUST.

L'ADULATION ayant fait donner au mois de Juillet, qu'on appelloit *Quintilis*, le nom du premier des Céfars, le même motif fit changer le nom du mois fuivant en celui d'Augufte, d'où, par corruption, on a formé le mot gothique *Août*. On fait que pendant ce mois la fortune fut toujours favorable à Augufte ; qu'il triompha trois fois dans Rome, affujettit l'Egypte, & mit· fin aux guerres civiles. Avant Augufte ce mois fe nommoit *Sextilis*, étant le fixième de l'année martiale. Ses vêtemens font couleur de feu, & fa couronne de rofe de damas, de jafmins & autres fleurs de la faifon. C'eft le temps de la canicule, ce que fignifie le chien placé près de la figure qui repréfente le mois. Le figne célefte qu'on lui donne eft la Vierge, pour montrer, difent les iconologiftes, que comme une vierge n'engendre point, de même le foleil ne produit rien dans ce mois, & ne fait que perfectionner ou donner la maturité aux chofes déja produites. C'eft alors l'abon-dance des fruits, ce qu'expriment ceux qu'on fait tenir à la figure du mois d'*Août*. Enfin c'eft le temps de la moiffon, ce que le fond du tableau fait connoître, ainfi que l'épi qu'on fait tenir à la petite figure du figne.

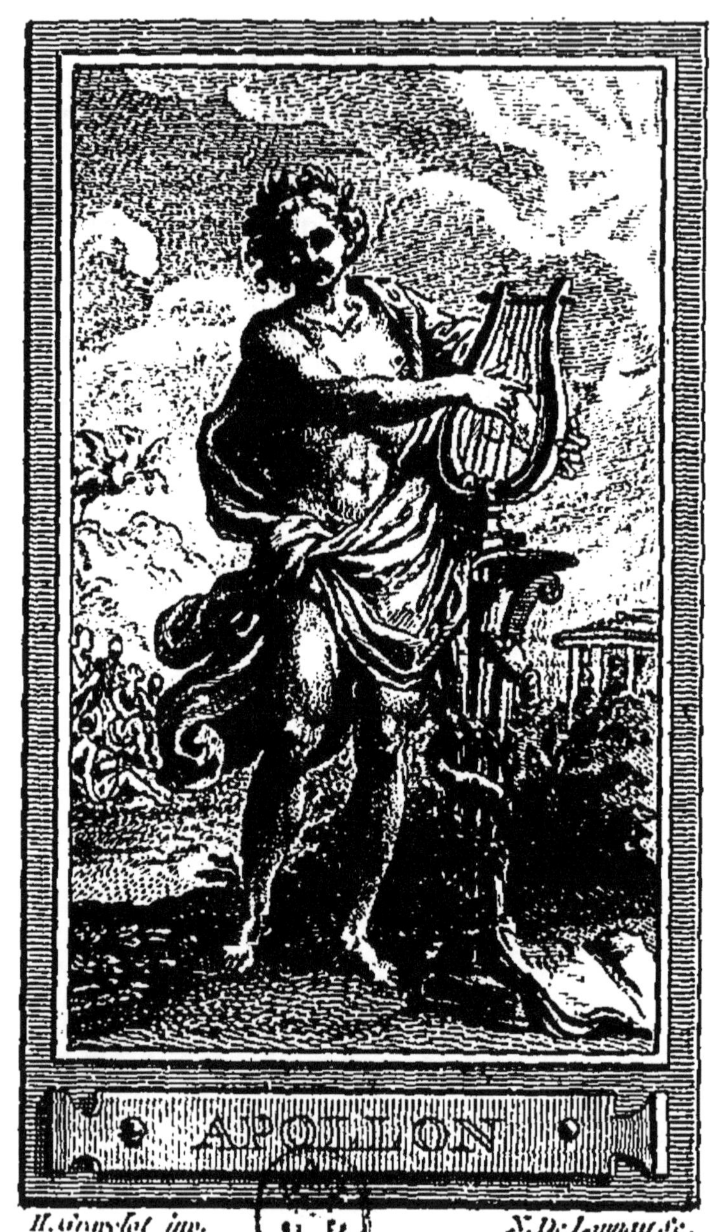

H. Gravelot inv.   N. De Launay sc.

APOLLON.

FILS de Jupiter & de Latone, *Apollon* eſt
regardé comme le dieu de la poéſie, de la
muſique & des arts. Il préſidoit les Muſes &
habitoit avec elles le Parnaſſe & les bords de
l'Hypocrêne. Lorſque les eaux du déluge de
Deucalion furent retirées, il tua le ſerpent
Python, qui étoit né du limon de la terre, &
la peau de cet animal lui ſervit à couvrir le
trépied ſur lequel s'aſſeyoit la pythoniſſe ou la
prêtreſſe qui rendoit ſes oracles. Les livres
Sybillins, qu'on voit à ſes pieds, indiquent que
ce dieu prédiſoit les évènemens. Lorſqu'*Apollon*
eſt repréſenté comme le dieu du jour, ou du
ſoleil, c'eſt toujours dans un char, tiré par
quatre chevaux blancs; comme dieu des arts,
il eſt couronné de lauriers, & tient dans ſos
mains ſa lyre harmonieuſe.

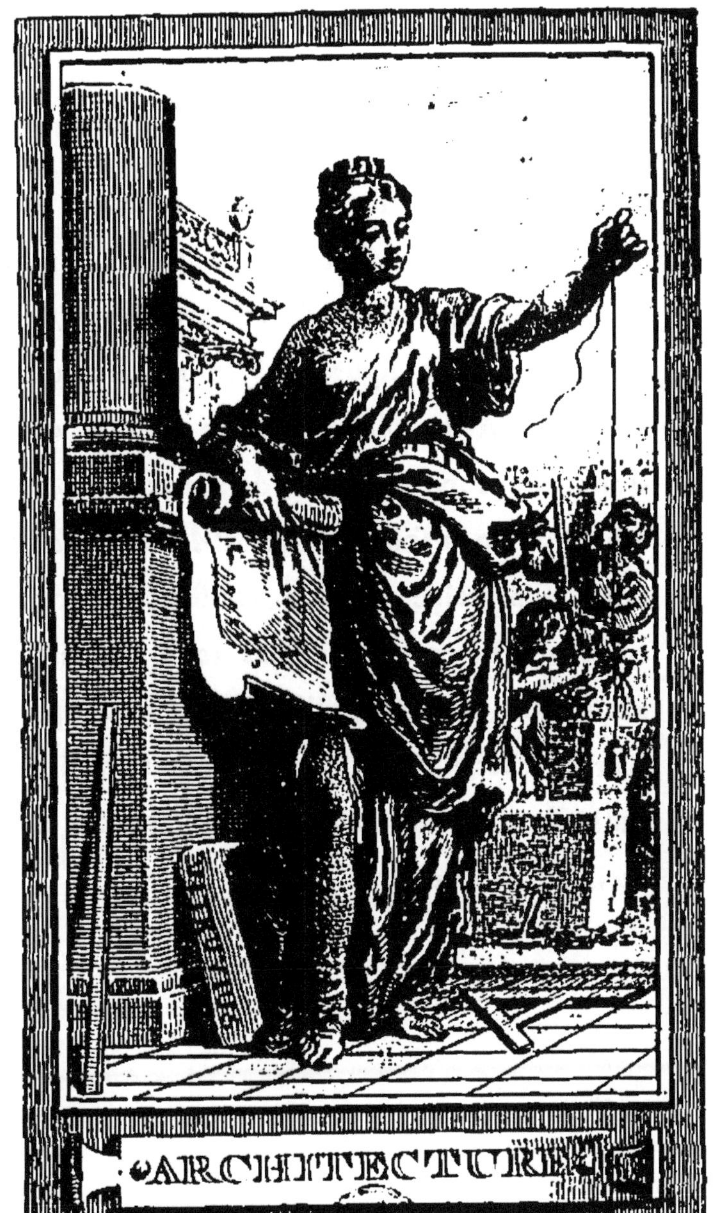

ARCHITECTURE

ARCHITECTURE.

LA gravité de fon attitude annonce l'utilité de fes travaux, & la réflexion qui doit préfider à toutes les opérations de cet art. Appuyée fur une colonne, la figure qui le repréfente tient d'une main un plan, avec le compas qui en donne les proportions, & de l'autre l'à-plomb, emblême de la folidité dont l'*Architecture* s'impofe le principe dans la conftruction de fes ouvrages. Le traité qui nous refte de Vitruve, ainfi que la règle, l'équerre, la coupe des pierres & les édifices, tant civiles que militaires, indiqués dans le tableau, achèvent de caractérifer l'*Architecture*.

(30)

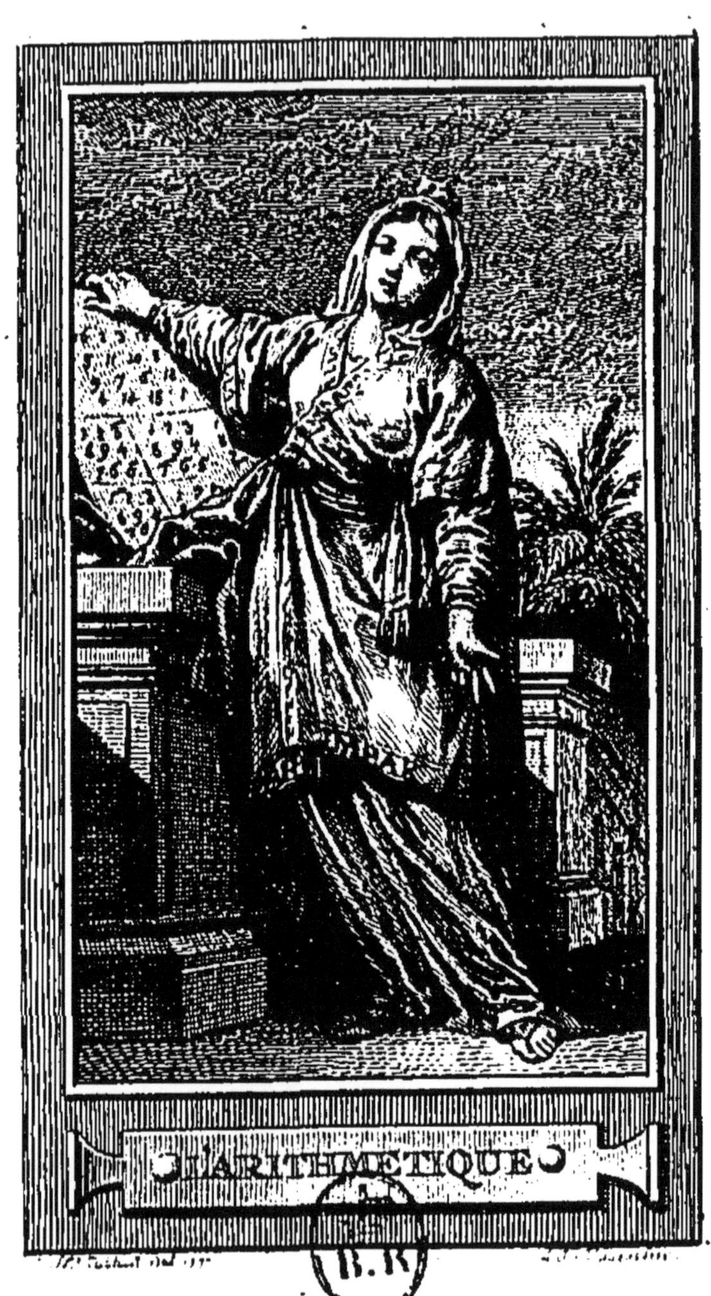
ARITHMETIQUE

ARITHMÉTIQUE.

Partie des mathématiques qui confidère les propriétés des nombres. D'après les iconologiftes, on a repréfenté l'*Arithmétique* ayant ces mots brodés fur les bords de fa robe : *Par, impar.* Dans un tableau chargé de chiffres, que tient l'*Arithmétique*, on a tracé un des problêmes amufans de cette fcience ; c'eft un efpèce de quarré magique dont tous les nombres, depuis 1 jufqu'à 16, font arrangés de manière qu'ils donnent 34 dans tous les fens foit qu'on les additionne horifontalement, perpendiculairement ou en diagonale ; on y a ajouté les quarrés dont le fameux Sanderfon, né aveugle, faifoit ufage pour calculer ; les épingles qu'on y a placées, donnent le milléfime.

ART.

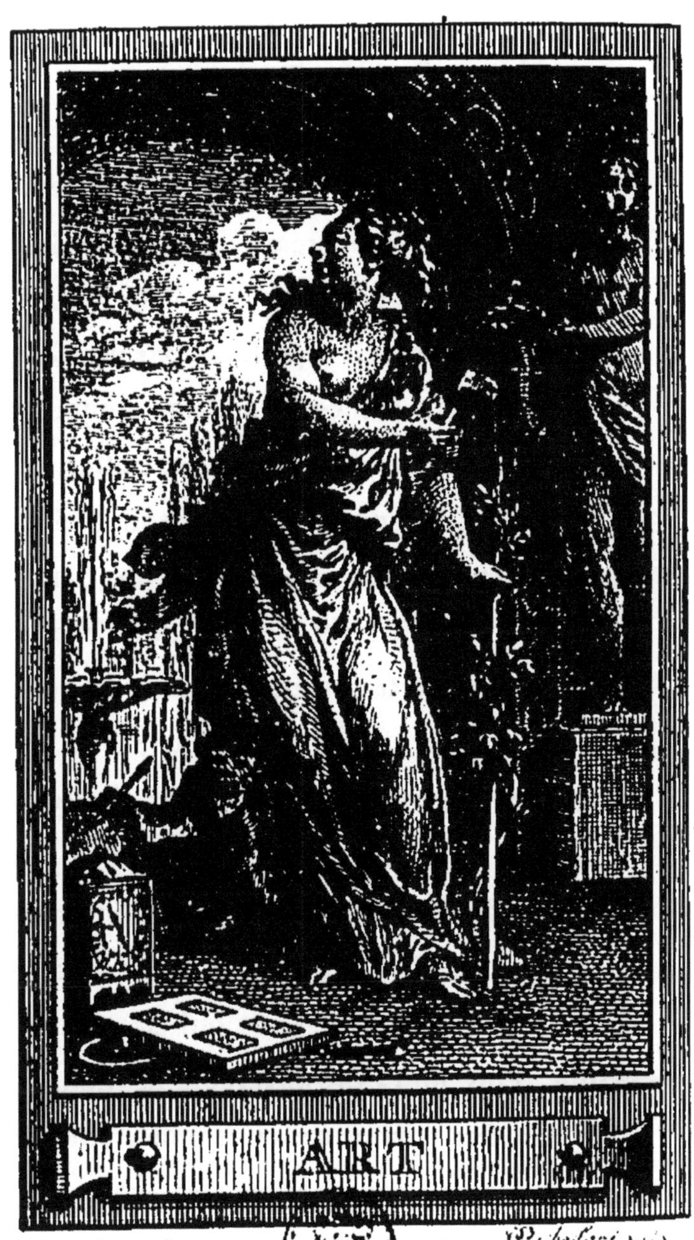
ART

(33)

A R T.

Rival de la nature à laquelle il eſt redevable
de tous ſes moyens, mais dont le mérite eſt
quelquefois de la perfectionner, l'*Art*, relative-
ment à cette idée, eſt repréſenté par une femme
appuyée ſur un étançon, à l'aide duquel une
jeune plante parvient à ſe redreſſer & à
s'élever. L'action de la figure paroît pleine de
ce beau feu qu'on doit retrouver dans les
ouvrages des différens artiſtes dont elle tient
les attributs; & ſes beautés, moins naïves que
celle de la nature, ſe reconnoiſſent à la ſym-
métrie des objets qui l'environnent. Le ſinge eſt
placé dans le tableau comme ſymbole de l'imi-
tation. L'horloge & la planche d'imprimerie
ſont donnés à l'*Art* comme deux des mer-
veilles qui lui ſont dues, & qui prouvent ſon
utilité. Plus loin, on apperçoit la figure du
dieu des *Arts* tenant une couronne, pour faire
entendre que l'approbation des juges éclairés
eſt la plus digne récompenſe des talens.

A R T S. (*les*)

Les *Arts*, en particulier, sont représentés par des enfans aîlés, ayant une flamme sur la tête, emblême du génie qui les inspire ; on doit leur fait tenir les attributs de l'art qu'on veut personnifier.

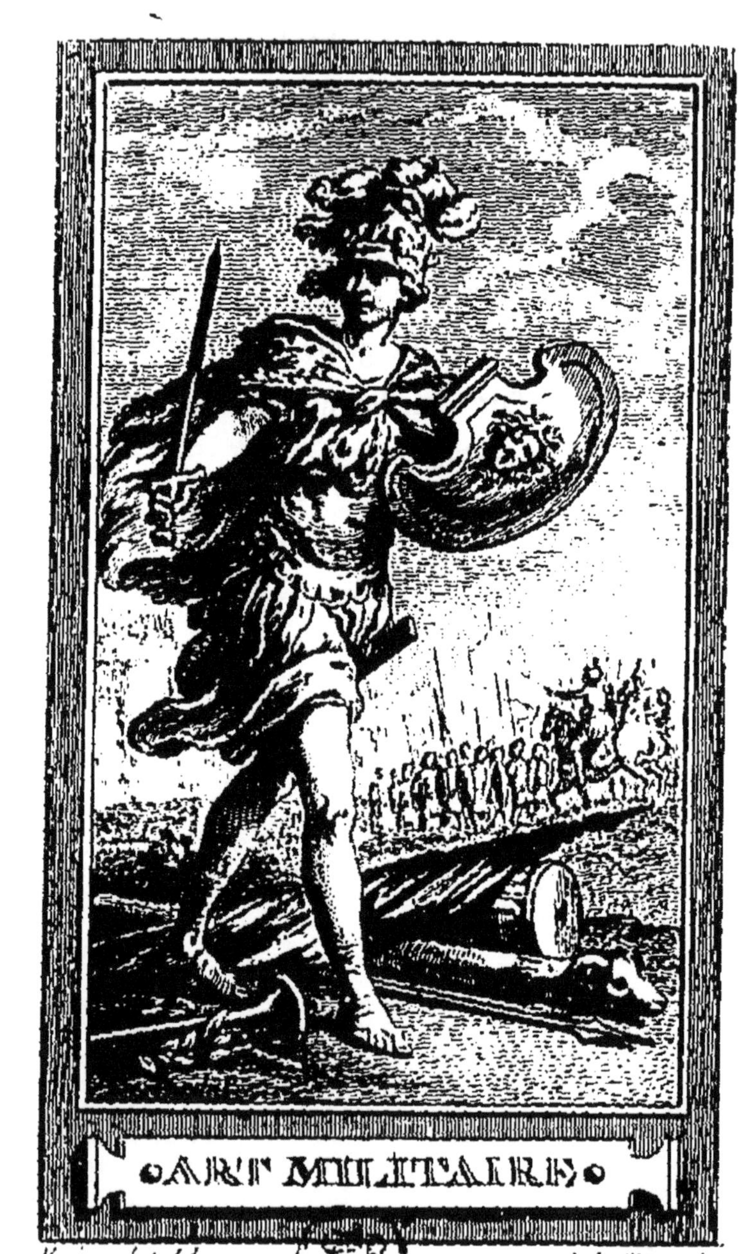

ART MILITAIRE

ART MILITAIRE.

Son action annonce l'activité, si néceſſaire dans les opérations militaires; de même que la prudence qui doit les diriger s'exprime par l'égide de Minerve que tient cette figure. Son ajuſtement guerrier, ainſi que les attributs qui l'environnent, ſemblent ne pas demander une explication plus circonſtanciée. On obſervera ſeulement que la trompette entourée d'une couronne de laurier, déſigne la gloire accordée aux actions éclatantes des héros.

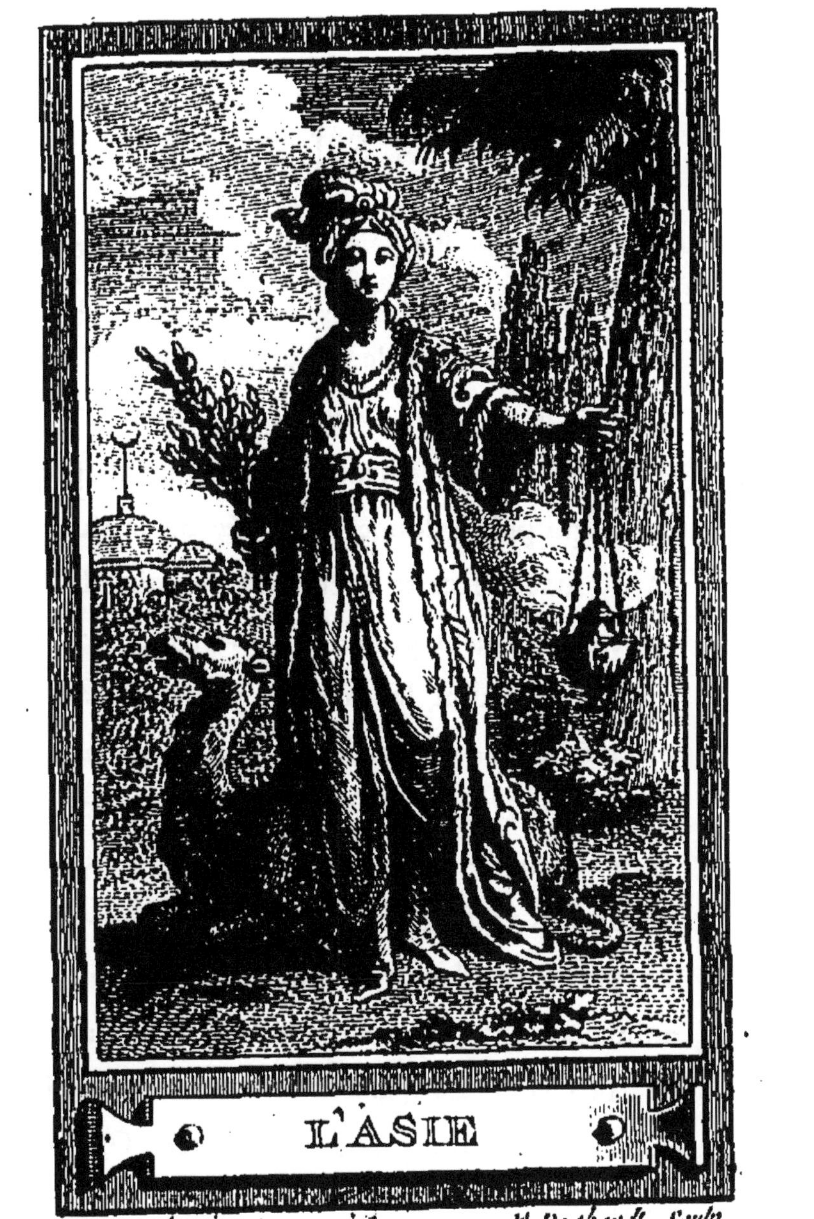

H. Gravelot inv.

E. Desrochers sculp.

ASIE.

On croit que l'*Asie* doit son nom à une fille de Thétis & de l'Océan, qui régna sur ces fertiles contrées. Elle est peinte sous les traits d'une belle femme, coëffée d'un turban, vêtue dans le costume oriental, avec une magnifi‑cence qui puisse donner une idée de la richesse & du luxe de cette partie du monde. L'*Asie* tient d'une main plusieurs rameaux des arbres auxquels on doit le café, le poivre & autres productions de ces climats ; de l'autre main on lui fait tenir une cassolette ou un encensoir, pour désigner que c'est à l'*Asie* que nous devons les parfums les plus précieux. Près d'elle on place un chameau, parce que de tous les animaux de l'*Asie*, c'est celui qui rend le plus de services. Le palmier sert encore à in‑diquer cette vaste partie de l'univers. On peut observer que toutes les religions ont pris naissance en *Asie*, mais la musulmane y est la

feule dominante ; c'eſt ce qu'indique la moſ-
quée qu'on apperçcit dans le fond du tableau.

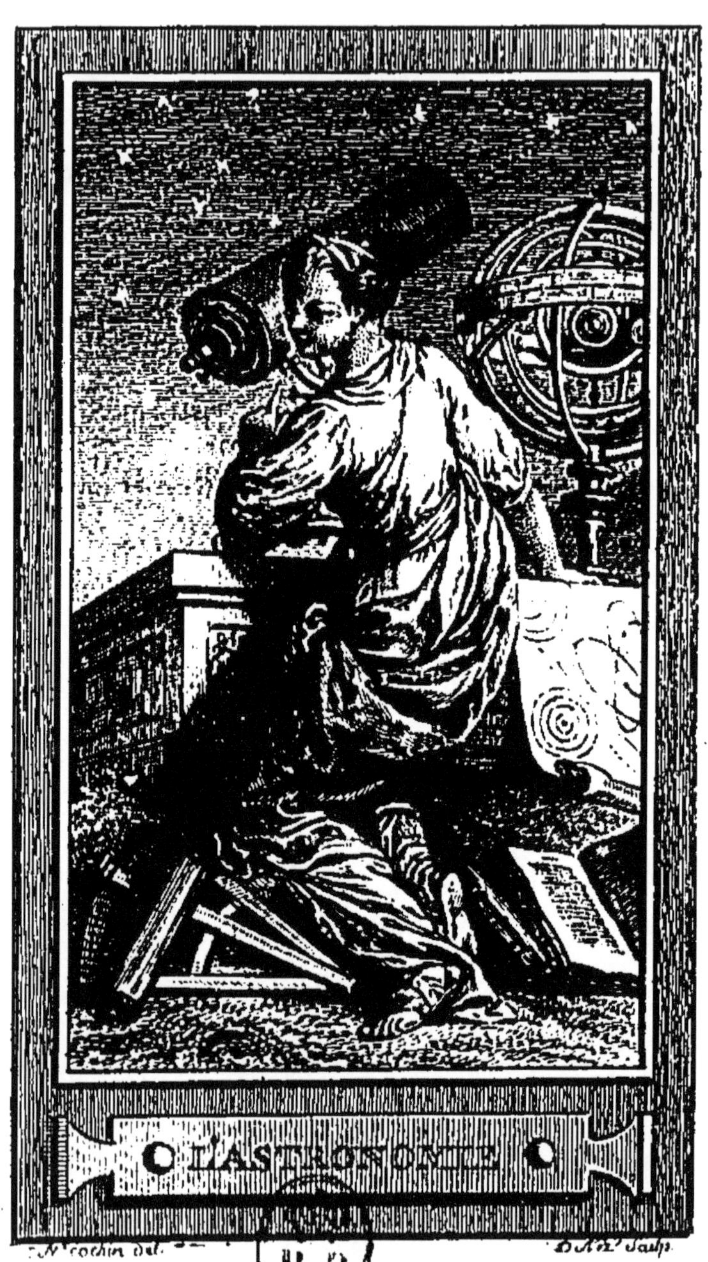

N. cochin del.   B. N.t sculp.

ASTRONOMIE.

Cette science est une partie des mathématiques mixtes , qui apprend à connoître les corps célestes, leurs grandeurs , mouvemens, distances , périodes, éclipses, &c. L'*Astronomie* est représentée avec une sphère, selon le systême de Copernic, un télescope, des lunettes d'approche & un quart de cercle ; à côté d'elle , sur un papier déroulé , sont tracées des ellipses de comètes.

(40)

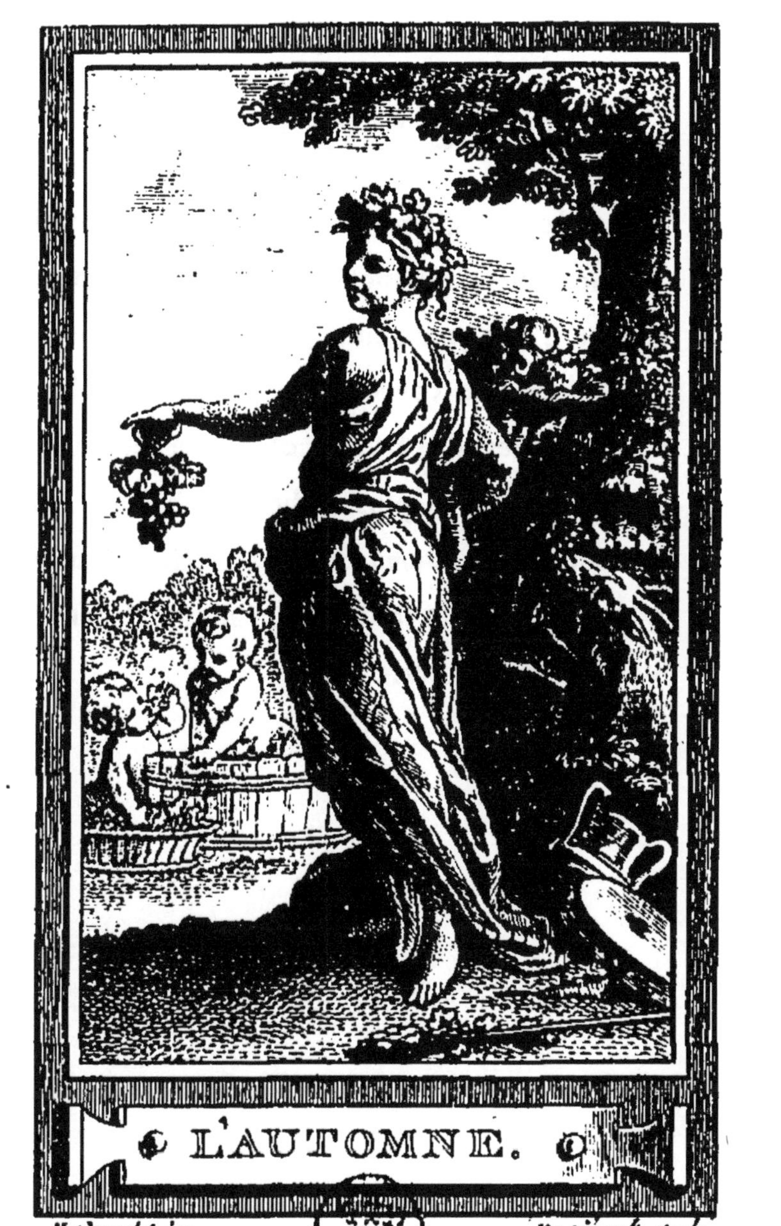
L'AUTOMNE.

AUTOMNE.

L ᴇ s Iconologiſtes repréſentent cette ſaiſon ſous les traits de Pomone, couronnée de pampres, tenant d'une main une grappe de raiſin, & de l'autre une corne d'abondance remplie de toutes ſortes de fruits : emblême de la plus féconde & de la plus riche des ſaiſons. Selon les poëtes, l'*Automne* eſt l'âge viril de l'année, parce que c'eſt la ſaiſon de la maturité générale des fruits de la terre.

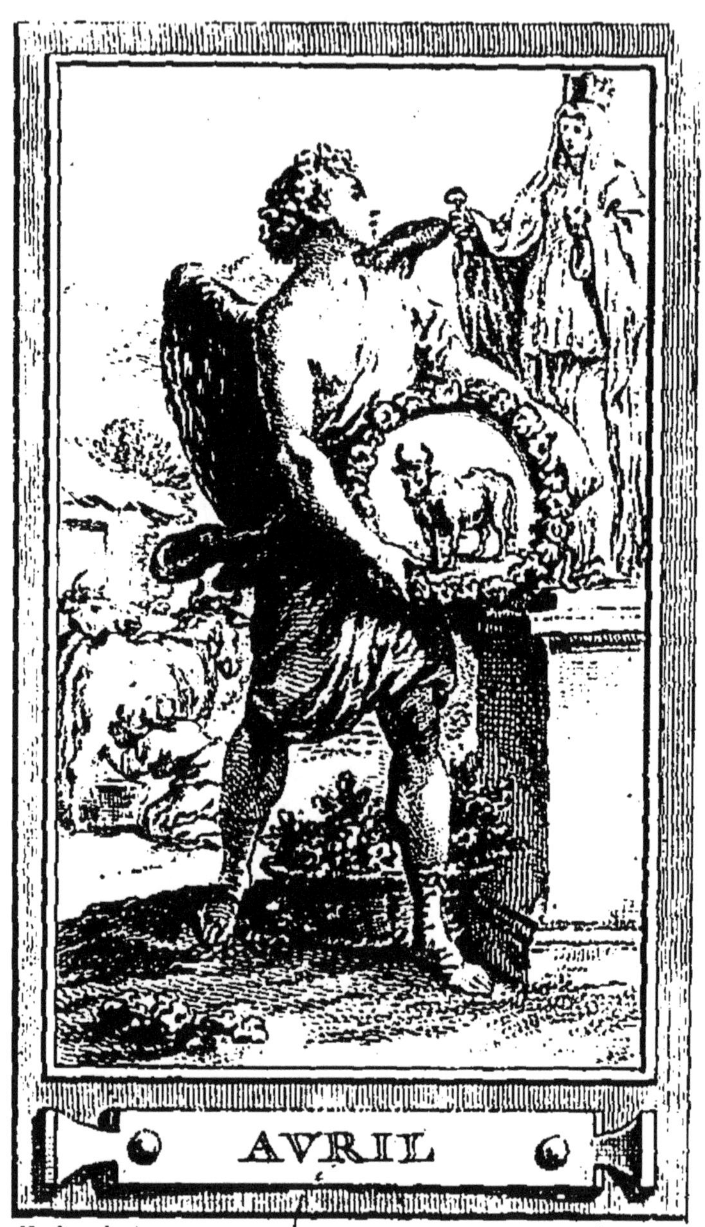

AVRIL

AVRIL.

Couronnée de myrthe & vêtue d'une draperie verte, la figure qui repréfente le mois d'*Avril* tient le figne du taureau, garni d'une guirlande des différentes fleurs dont la nature commence à s'embellir. Le taureau indique la force que le foleil acquiert dans ce mois. Il eft, felon Varon, nommé *Avril*, du mot latin *Aperire*, parce qu'alors la terre femble s'ouvrir pour étaler fes richeffes ; idée que nous avons cherché à rendre par la figure de Cybèle dans l'action de fe dévoiler & tenant une clef. La couronne de myrthe, plante dédiée à Vénus, fignifie qu'en ce mois tout commence à fentir la douce influence de cette déeffe. Le verd eft la livrée du mois d'*Avril*, la terre dans ce mois commençant à fe parer de cette agréable couleur ; c'eft auffi le temps des meilleurs laitages , exprimé clairement par l'épifode qu'on apperçoit dans le fond du tableau.

(44)

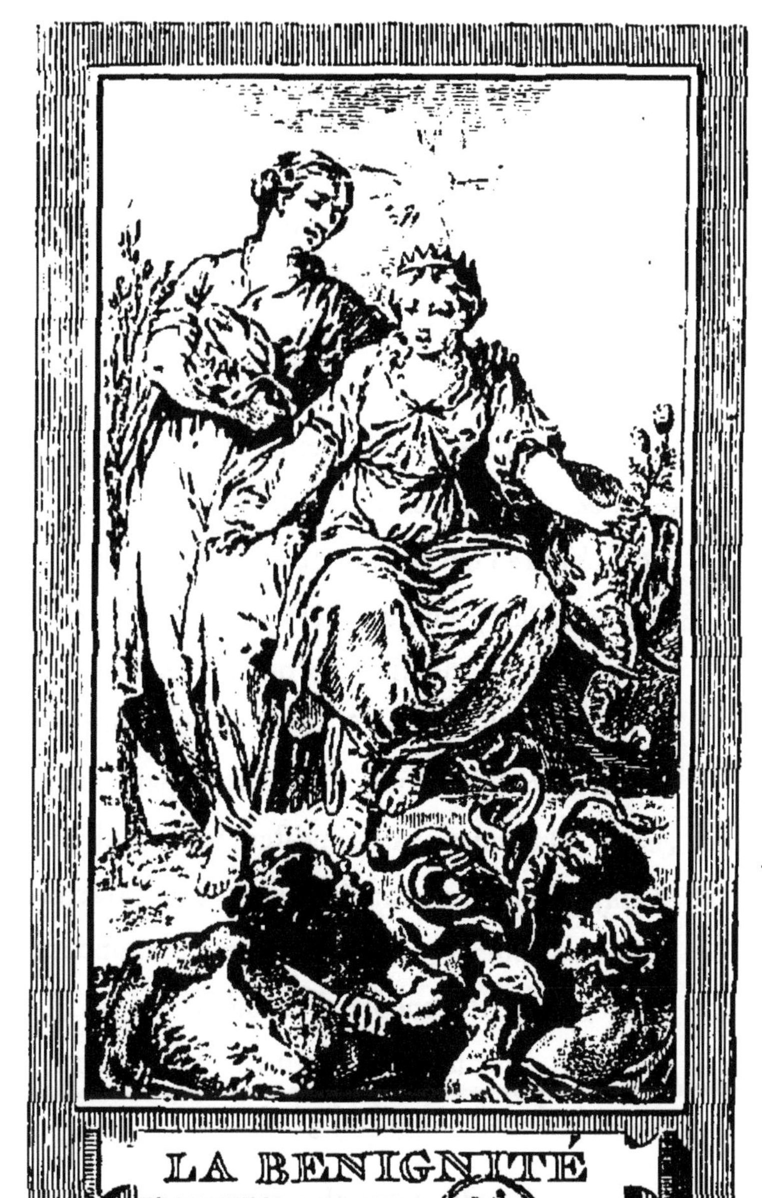

LA BÉNIGNITÉ

BÉNIGNITÉ.

Sous cette dénomination, les anciens défignoient la vertu qu'on nomme aujourd'hui *Bienfaifance.* On la repréfente par une jeune femme, dont les traits du vifage expriment la douceur & l'attendriffement ; elle a les bras ouverts & une couronne fur la tête. La couronne d'or défigne l'excellence de cette vertu ; fes bras ouverts, l'empreffement & la bienveillance avec laquelle font accueillis ceux qui ont recours à elle; le foleil qui brille fur fa tête, eft le fymbole des faveurs bénignes que cet aftre répand fur la terre. Quelques iconologiftes font tenir à la *Bienfaifance* une branche de pin ; on pourroit y fubftituer plus à propos une corne d'abondance. L'Eléphant eft encore l'emblême de la *Bienfaifance,* à caufe des qualités rares qu'on reconnoît dans cet animal généreux.

BONTÉ.

Vertu qui confifte à excufer les défauts des

hommes, à pardonner leurs erreurs, & particulièrement à leur faire du bien. On la peint sous les traits d'une jeune nymphe, dont le regard est doux & tendre; son emblème particulier est un pélican qui s'ouvre le sein pour nourrir ses petits.

MÉCHANCETÉ.

VICE dangereux qui porte à nuire en secret à ses semblables, & souvent à faire le mal pour le seul plaisir de le faire. On peint la *Méchanceté* sous les traits d'une femme vieille, hideuse, le regard farouche, l'attitude menaçante, ayant les deux mains armées de poignards. Les iconologistes représentent cette furie appuyée sur un ours blanc, & lui donnent pour attribut une araignée qui tend ses toiles; allusion aux trames secrètes & aux embûches de la *Méchanceté*.

MALIGNITÉ.

MOINS affreuse que la méchanceté, mais non

moins ardente à nuire, la *Malignité* se peint
sous l'emblème d'une femme laide, maigre,
ayant le sourire équivoque de la perfidie, &
tenant une caille, parce que cet oifeau, dit-on,
a la malice de troubler l'eau après avoir bu,
afin d'empêcher les autres oifeaux d'en faire
ufage.

S C É L É R A T E S S E.

LES Iconologiftes peignent ce monftre fous les
traits d'un nègre, horrible par fa laideur,
excitant un hydre à s'élancer fur fa victime.

(48)

BOTANIQUE.

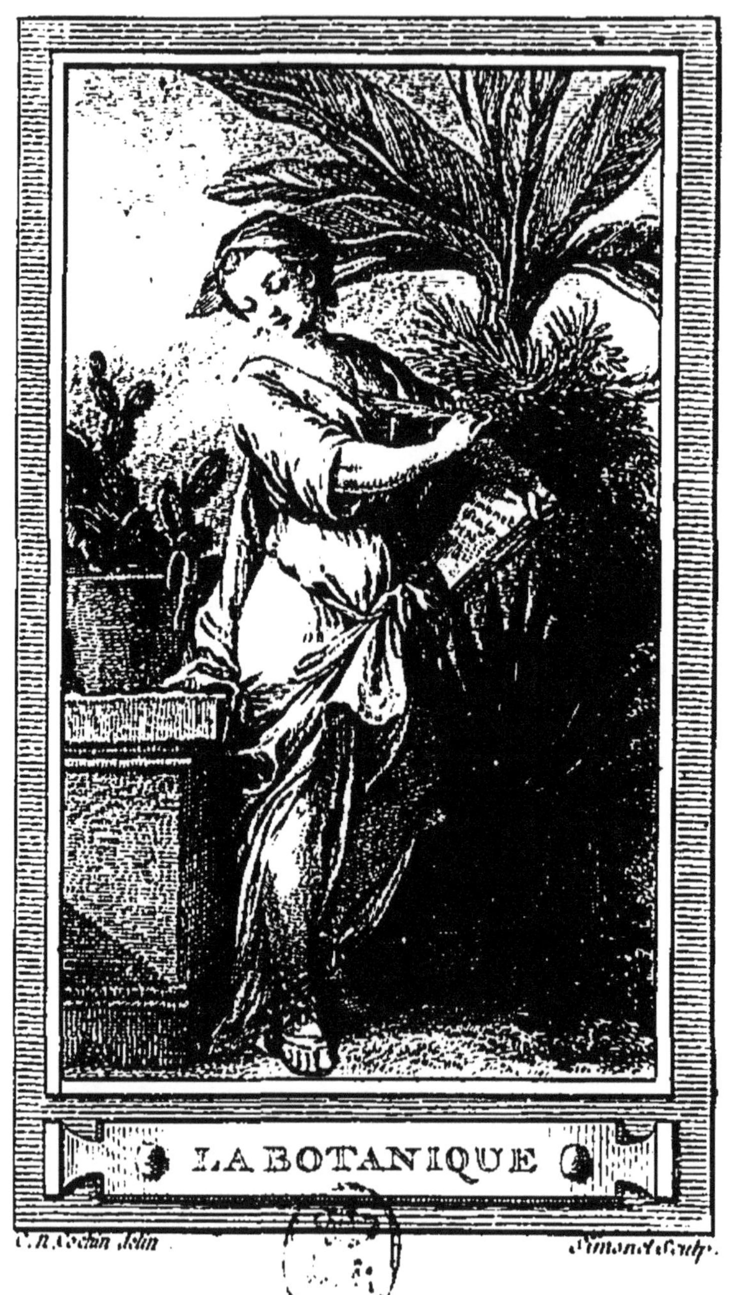

C. N. Cochin del.   Simonet sculp.

BOTANIQUE.

Partie de l'hiftoire naturelle qui a pour objet la connoiffance du règne végétal ; ainfi la *Botanique* eft la fcience qui traite de tous les végétaux & de tout ce qui a un rapport immédiat avec les plantes. On la divife en trois parties principales, la nomenclature des plantes, leur culture, & leurs propriétés. Comme il eft ici queftion de parler aux yeux d'une manière fenfible, on a préféré, pour caractérifer la *Botanique*, de placer auprès de la figure qui la repréfente, des plantes étrangères dont l'apparence extérieure s'éloigne le plus des nôtres, comme l'opentia ou figuier d'Inde, l'aloès, le bananier, le palmier éventail, &c.

(50)

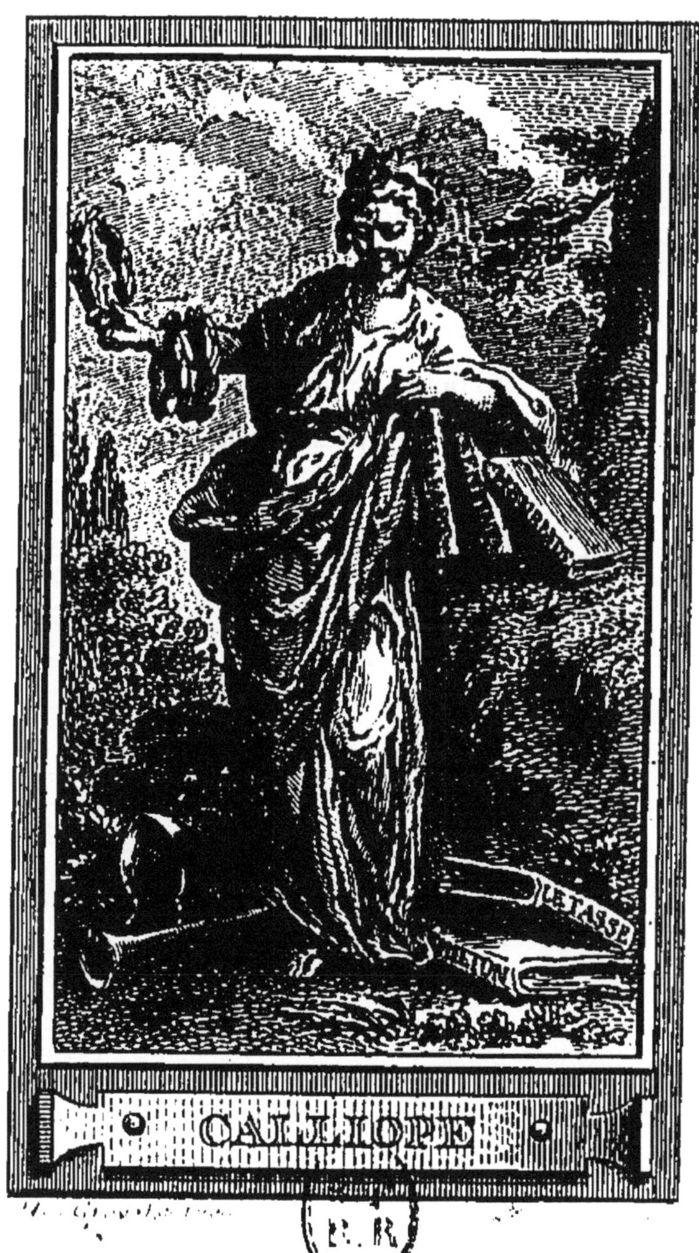
CALLIOPE
LE TASSE

CALLIOPE.

Muse de l'éloquence & de la poésie héroïque.
On la repréfente fous la figure d'une jeune
femme, dont les traits expriment la nobleffe
& la majefté. Son front eft ceint d'une
couronne d'or ; près d'elle on apperçoit les
poëmes épiques les plus célèbres. La couronne d'or indique, felon Héfiode, la préé-
minence de cette mufe fur toutes les autres.

(52)

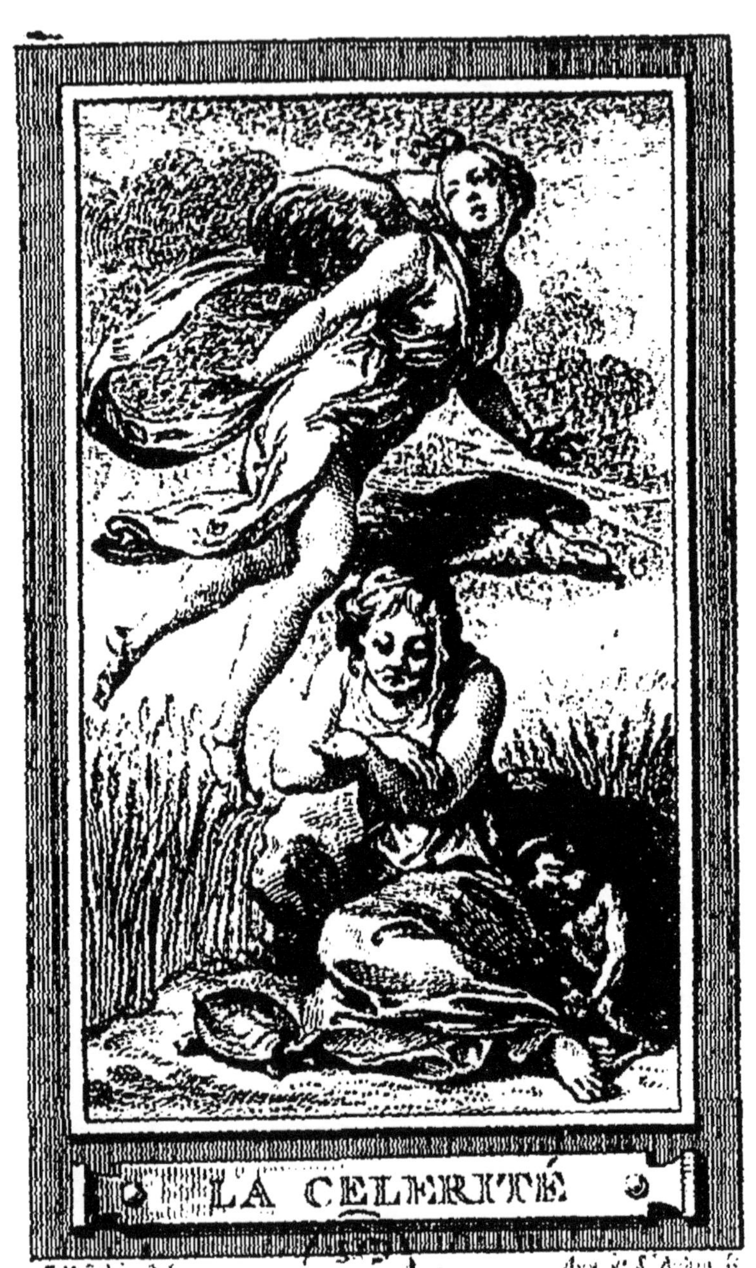

LA CELERITÉ

CÉLÉRITÉ.

SANS s'arrêter aux divers emblêmes, souvent obscurs ou inintelligibles donnés par *Piérius* & copiés par *Ripa*, on a cru devoir donner à la *Célérité*, ou *Vitesse*, les attributs de la légèreté. Une jeune fille, ayant des aîles, paroît courir sur des épis de bleds, sans en faire courber la tige ; allusion à cette fiction poétique si heureuse & si connue. L'on a conservé cependant l'épervier, dont le vol, suivant les naturalistes, ne peut être égalé par aucun autre oiseau. La foudre, ou l'éclair, étant le symbole de la *Rapidité*, ne devoit point être omis. Les aîles de la *Célérité* sont courtes, parce qu'elles ne sont point destinées à voler, mais à accélérer la *Vitesse*.

AGILITÉ.

ON pourroit peindre l'*Agilité* sous l'emblême de la figure précédente, mais en ne la faisant point courir sur des épis.

D 3

LENTEUR.

D'APRÈS les anciens iconologistes, on peut caractériser la *Lenteur* par une femme assise sur une tortue, & couronnée de feuilles de mûrier. On sait que la tortue est l'emblême de la *Lenteur*, & que la mûre est le plus tardif des fruits.

PARESSE.

FILLE du Sommeil & de la Nuit, la *Paresse*, chez les Egyptiens, étoit représentée par une femme échevelée, les habits en désordre, assise à terre, & les bras croisés. L'espèce de singe que les naturalistes nomment le Paresseux, est le symbole qui doit caractériser ce vice.

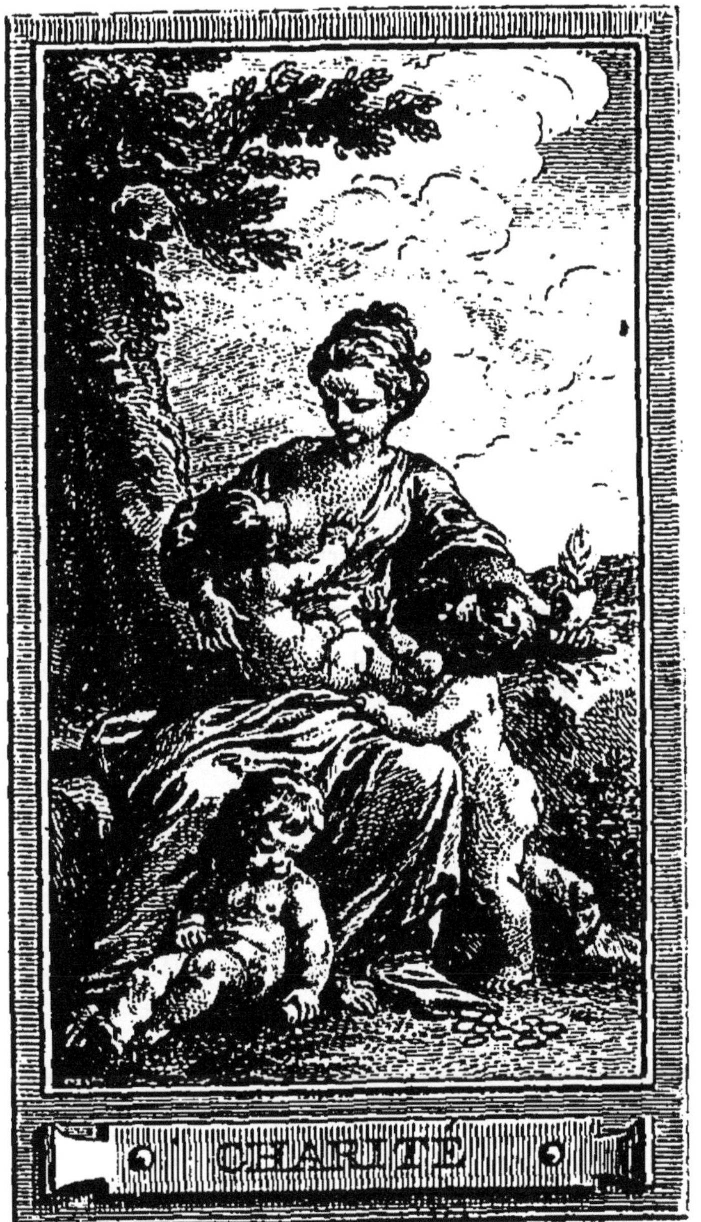

H. Gravelot del.   B. L. Prevost Sc.

CHARITÉ.

Amour du prochain, vertu bienfaifante qui feule comprend toutes les autres. On la repréfente fous la figure d'une femme offrant le fein à un enfant, & tenant dans fa main un cœur enflammé. Près de la *Charité* font plufieurs autres enfans auxquels elle donne fes foins ; une bourfe ouverte indique les divers moyens que le zèle ardent de la *Charité* fçait employer pour donner des fecours à ceux qui en ont befoin.

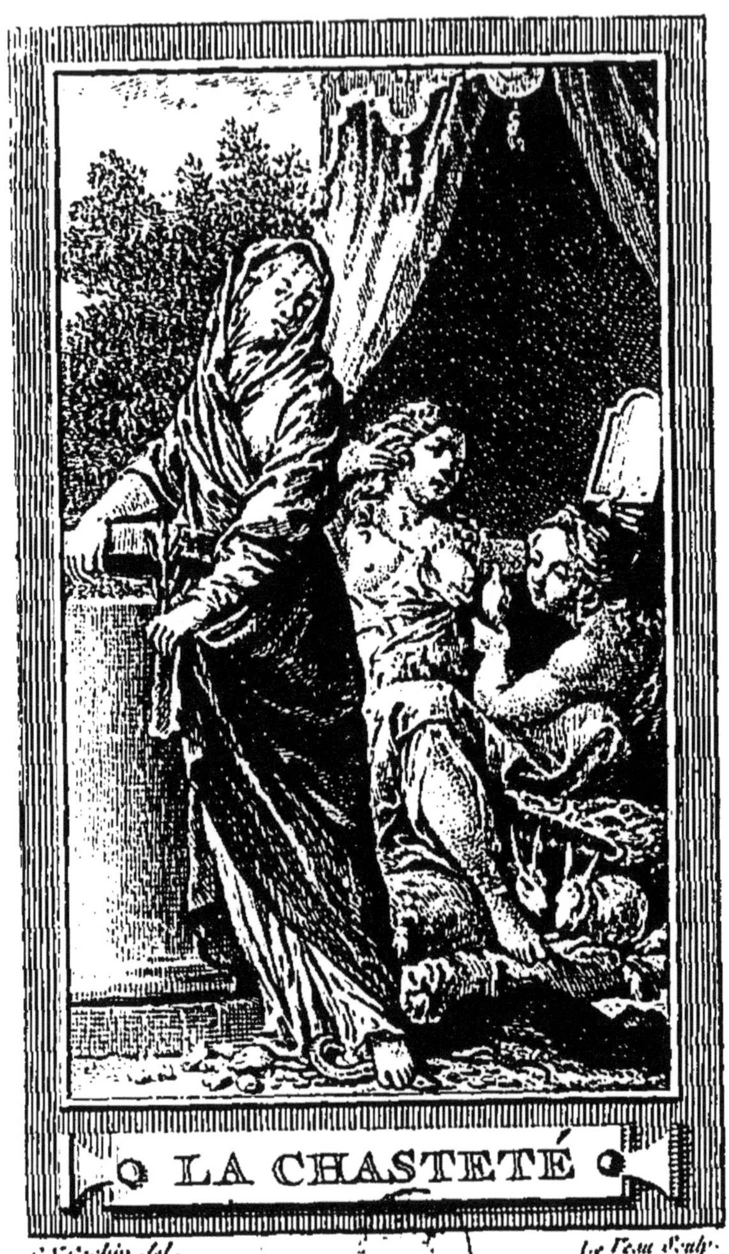

C. Cochin del.   Le Veau Sculp.

CHASTETÉ.

DANS les ſtatues antiques, cette vertu morale eſt repréſentée par la veſtale Tutia, qui juſtifia, dit-on, ſon innocence en portant de l'eau dans un crible. C'eſt l'emblème qu'on a cru devoir employer pour peindre la *Chaſteté*, en ajoutant au voile qui lui couvre la tête, un lys, ſymbole connu de la pureté; & lui faiſant écraſer la tête d'un ſerpent : alluſion à différens paſſages de l'écriture ſainte.

LASCIVETÉ.

FILLE de l'oiſiveté & de la dépravation, la *Laſciveté* ſe peint ſous les traits d'une femme occupée de ſa parure, richement vêtue, mais avec immodeſtie, & couchée voluptueuſement ſur les couſſins de la molleſſe. Des moineaux qui ſe careſſent, ſont encore les emblèmes de la *Laſciveté*.

LUXURE.

Ce vice est représenté par les iconologistes sous l'emblême d'une jeune femme, ayant le regard lascif, assise sur un crocodile, & tenant une perdrix ; on n'a conservé le crocodille que parce qu'il est consacré par l'usage. La perdrix est donnée à la *Luxure*, parce que cet oiseau, dit-on, casse souvent les œufs de sa femelle en voulant satisfaire ses desirs ; c'est par le même motif qu'on a ajouté des lapins, ces animaux faisant périr très-souvent leurs petits en caressant leur femelle. On pourroit encore y joindre le bouc, symbole connu de la *Luxure*.

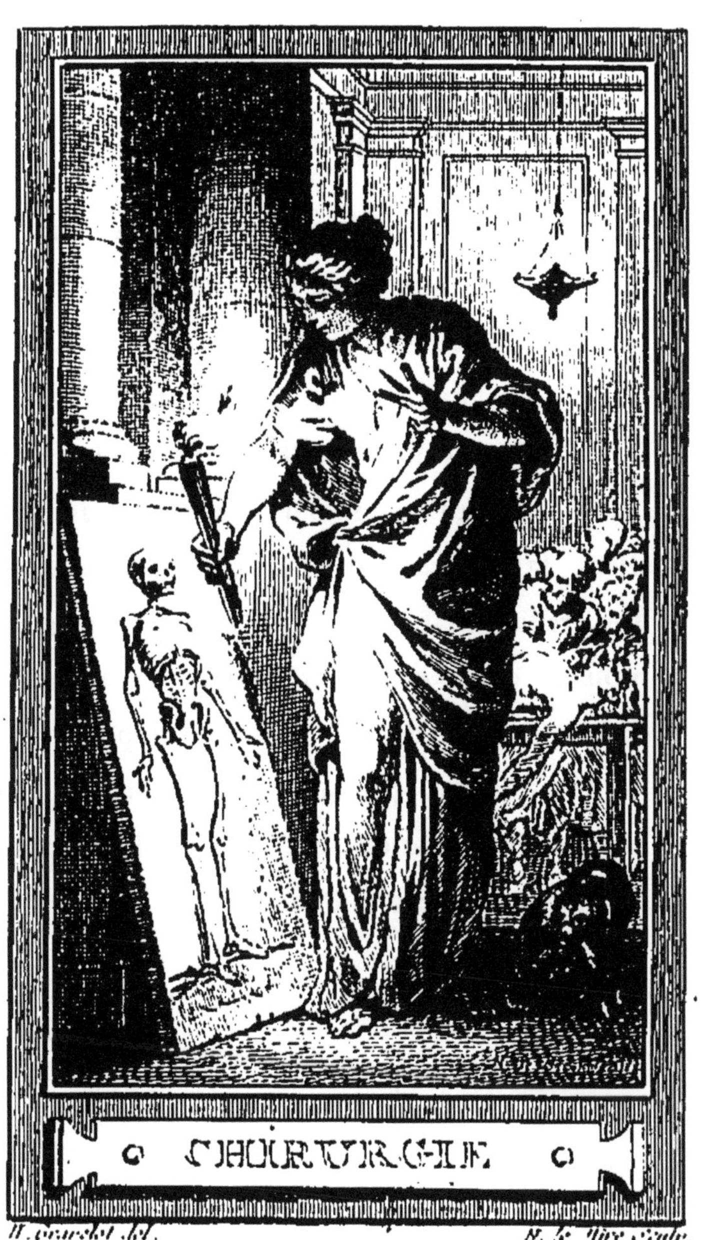

CHIRURGIE

59

CHIRURGIE.

LA connoiſſance du corps humain faiſant la partie théorique & la baſe de cet art, on en caractériſe ici l'étude par le flambeau de l'obſervation ; quant à la partie pratique, d'où réſulte ſon utilité, la lancette, le plus néceſſaire des inſtrumens de la *Chirurgie*, que tient la figure qui la repréſente, en eſt l'expreſſion naturelle. Près de la *Chirurgie* on voit un chien qui lèche ſa plaie, emblême de la douceur que cet art doit apporter dans ſes traitemens, preſque toujours accompagnés d'opérations douloureuſes. Le fond du tableau laiſſe voir une école d'anatomie.

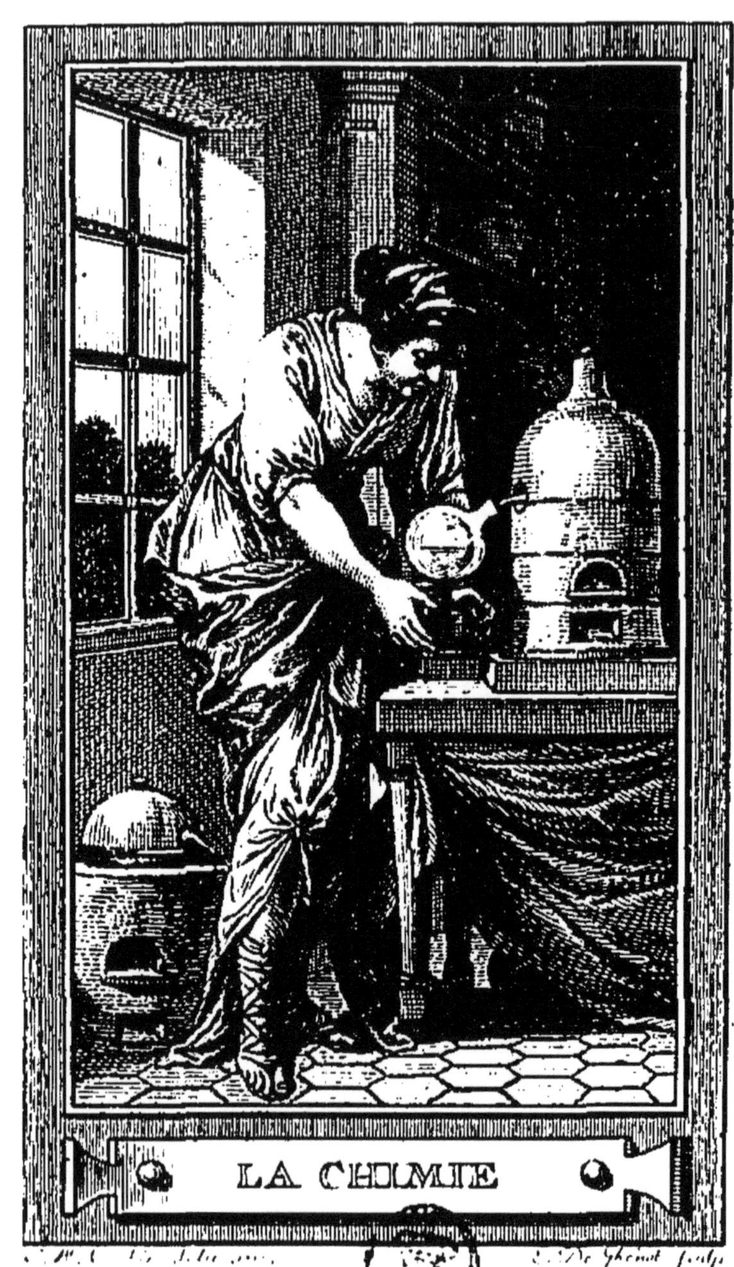
LA CHIMIE

61

CHYMIE.

CETTE science consiste à découvrir, par la décomposition, l'analyse, les combinaisons & les propriétés des corps. Comme l'agent avec lequel la *Chymie* opère le plus fréquemment est le feu, on l'a représentée par une femme dans un laboratoire, occupée d'expériences & entourée de divers fourneaux. On pourroit ajouter auprès de cette figure, une tablette où seroient tracés des caractères chymiques.

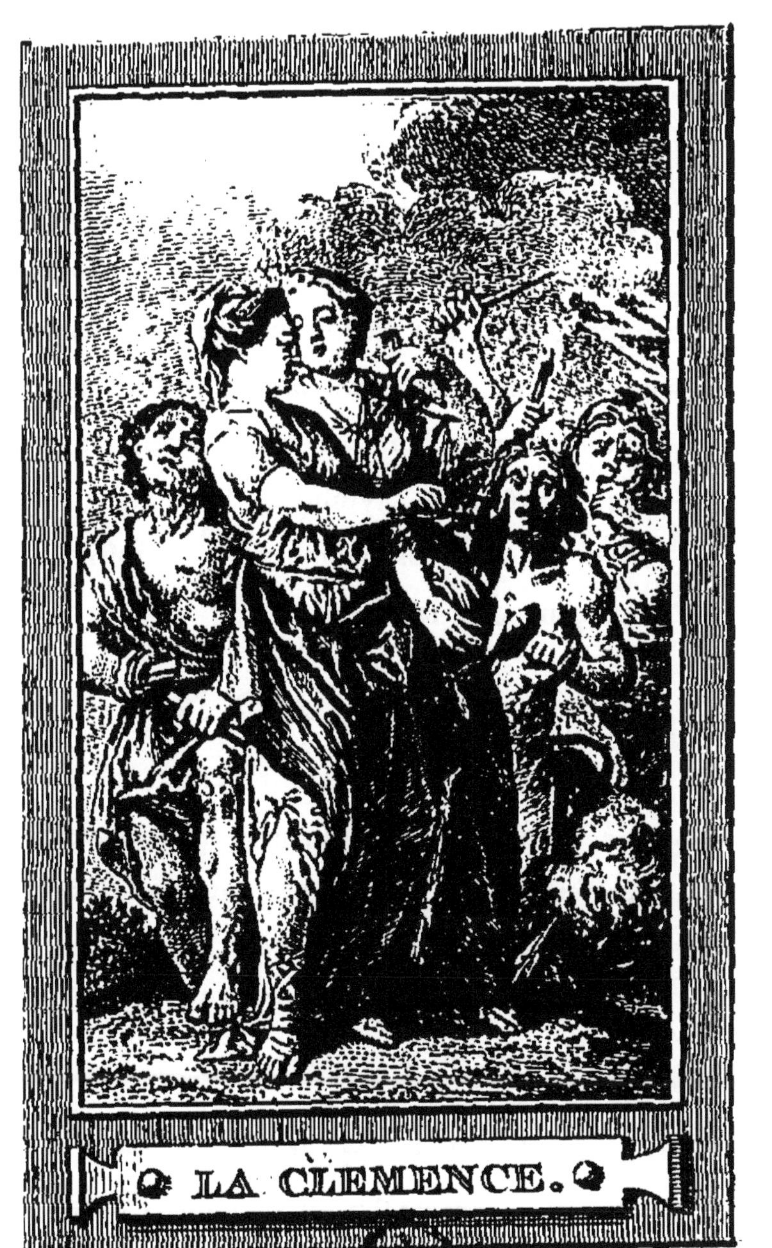

C. N. Cochin del.

Le Veau sculp.

CLÉMENCE.

Les divers attributs donnés à cette vertu n'offrant, la plupart, que des idées très-équivoques, on a cru devoir peindre la *Clémence* sous les traits d'une belle femme, le front ceint d'un diadème, écartant d'une main les faisceaux consulaires, symboles de la rigueur, & faisant pencher les balances de la justice, en y plaçant des lauriers.

PARDON.

Le *Pardon* est la suite du repentir, qu'a précédé l'offense ; c'est pourquoi les iconologistes représentent le *Pardon* par un jeune homme affligé, les yeux tournés vers le ciel, dont il implore la clémence, & brisant l'arme offensive dont il vient de faire usage.

CALOMNIE.

Ce vice atroce ne sauroit être mieux représenté que sous les traits d'une furie, l'air farouche,

les yeux étincelans, & la tête hériffée de fer-
pens. De la main droite, la *Calomnie* tient une
torche allumée, & de la gauche une coupe,
d'où fe répandent fes noirs poifons.

MÉDISANCE.

Quelques iconologiftes peignent la *Médifance*
fous les mêmes emblêmes que la Calomnie ; on
doit cependant obferver quelques nuances. La
Médifance peut être repréfentée par une femme
vieille, maigre, hideufe, cherchant à cacher
fa tête fous un voile, tenant d'une main
un des flambeaux de la Difcorde & de
l'autre une vipère.

VENGEANCE.

Une furie, enflammée de colère, le cafque en
tête, fe mordant le poing, & tenant de la
main droite un poignard, eft l'emblême fous
lequel on peint la *Vengeance*. D'après les
Egyptiens, on donne pour fymbole à la *Vengeance* un lion furieux, percé d'une flèche qu'il
cherche à retirer de fes flancs.

CLIO.

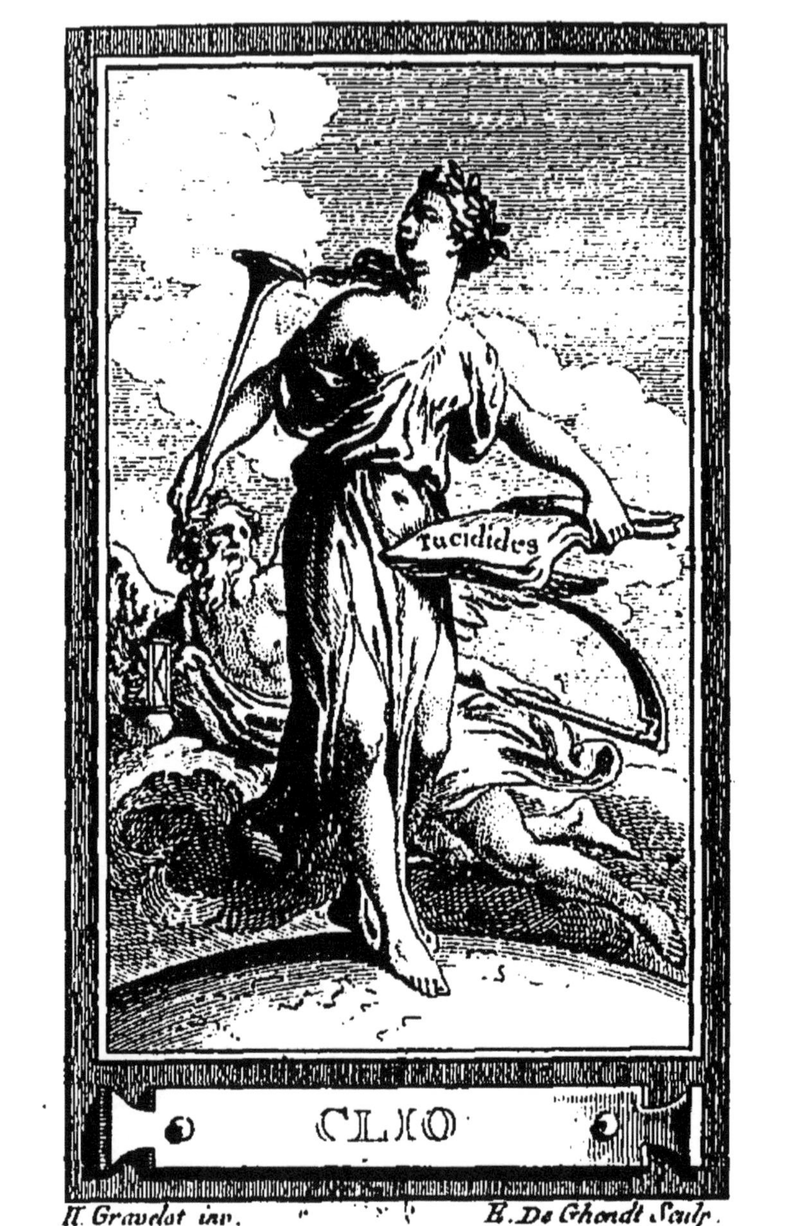

H. Gravelot inv.　　　　E. De Ghendt Sculp.

CLIO.

CETTE muſe préſide à l'hiſtoire ; elle eſt repréſentée ſous la figure d'une jeune fille couronnée de lauriers, tenant de la main droite une trompette, & de la gauche un livre, ſur lequel ſe lit le nom de *Thucydide*, un des plus célèbres hiſtoriens de l'antiquité. On donne pour attribut à cette muſe une trompette, parce qu'elle publie & conſacre les faits & la mémoire des grands hommes, pour l'inſtruction des peuples & des Rois. Le Temps, qu'on apperçoit dans le fond du tableau, & le globe de la terre ſur lequel eſt poſée la première des muſes, ſervent à indiquer que l'hiſtoire embraſſe tous les lieux & tous les tems.

(66)

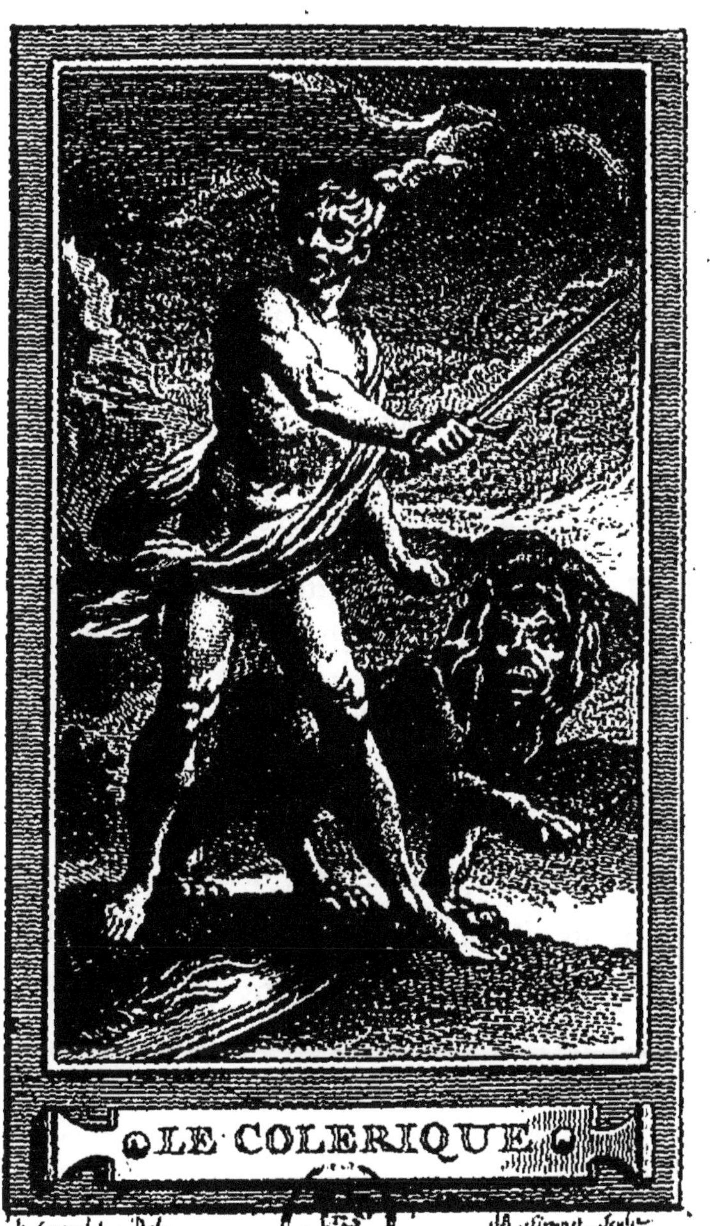

LE COLERIQUE

COLÉRIQUE.

LES dangereux effets de la *Colère* sont représentés par un jeune homme, maigre, le teint
jaunâtre, l'œil étincelant, armé d'un poignard,
& dans une action menaçante. On le peint
nud & sans bouclier, pour exprimer à quel
point la *Colère* est aveugle, manque d'expérience, & affronte témérairement le danger.
Les attributs de cette figure sont un lion
furieux et un bouclier fur lequel est représenté une flamme, symboles de la vengeance.

COLÈRE.

LA *Colère*, proprement dite, se peint fous les
traits d'une furie, avec les mêmes emblêmes
que la figure précédente.

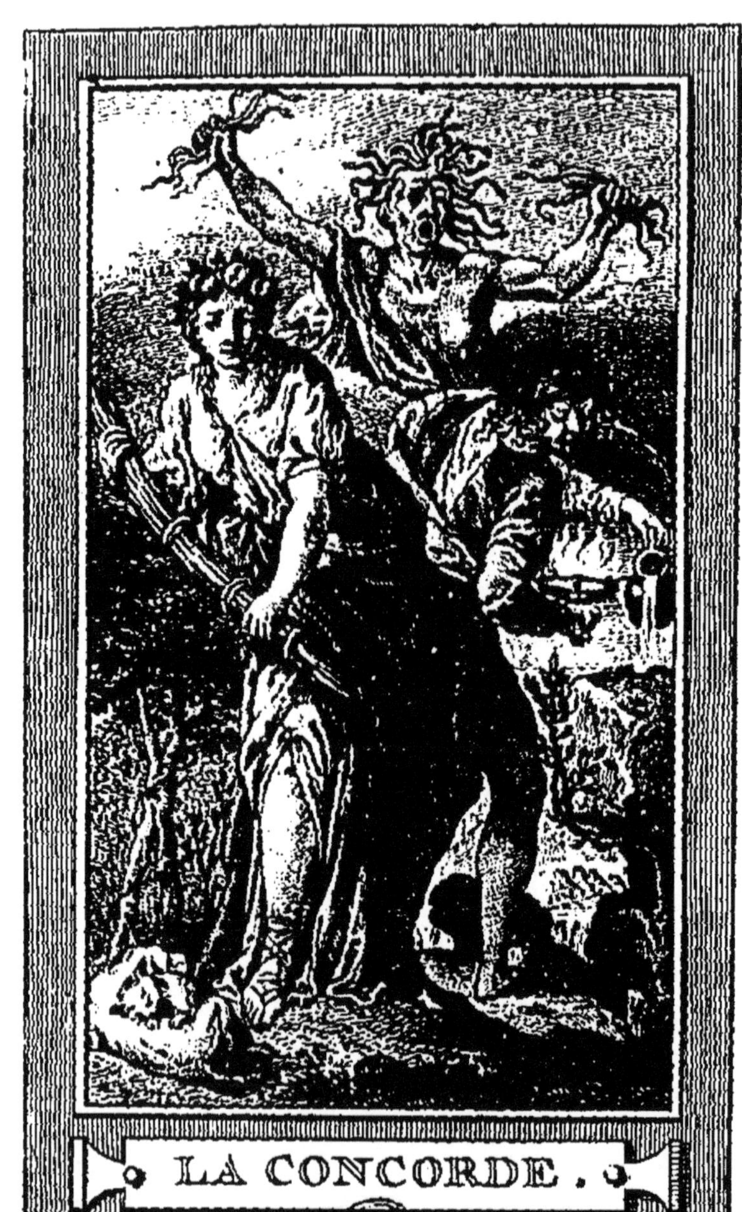

LA CONCORDE.

C. N. Cochin del.   Le Veau Sculp.

CONCORDE.

Divinité à laquelle les Romains élevèrent des temples. Elle est représentée par une jeune nymphe couronnée de grenades, & tenant un faisceau de baguettes, emblême de l'union, comme la grenade est celui de la *Concorde*. Un chien & un chat, couchés l'un sur l'autre, peuvent encore servir de symbole à la *Concorde*; cette vertu ayant le pouvoir de réunir les inclinations les plus opposées.

CONTRARIÉTÉ.

On peint ce vice sous les traits d'une femme laide, ayant le regard louche & les cheveux en désordre; d'une main elle tient un réchaud rempli de feu, & de l'autre un vase d'où l'eau se répand. Un arbrisseau contraint de se courber par un rocher qui lui empêche de suivre sa direction, & un ruisseau interrompu dans son cours, achèvent de désigner la *Contrariété*.

DISCORDE.

Divinité malfaisante, qui cause également
la ruine des Empires & les désordres entre les
familles. On représente cette furie sous l'aspect
effrayant de Méduse, parcourant les airs, &
secouant sur son passage le venin de ses affreux
serpens.

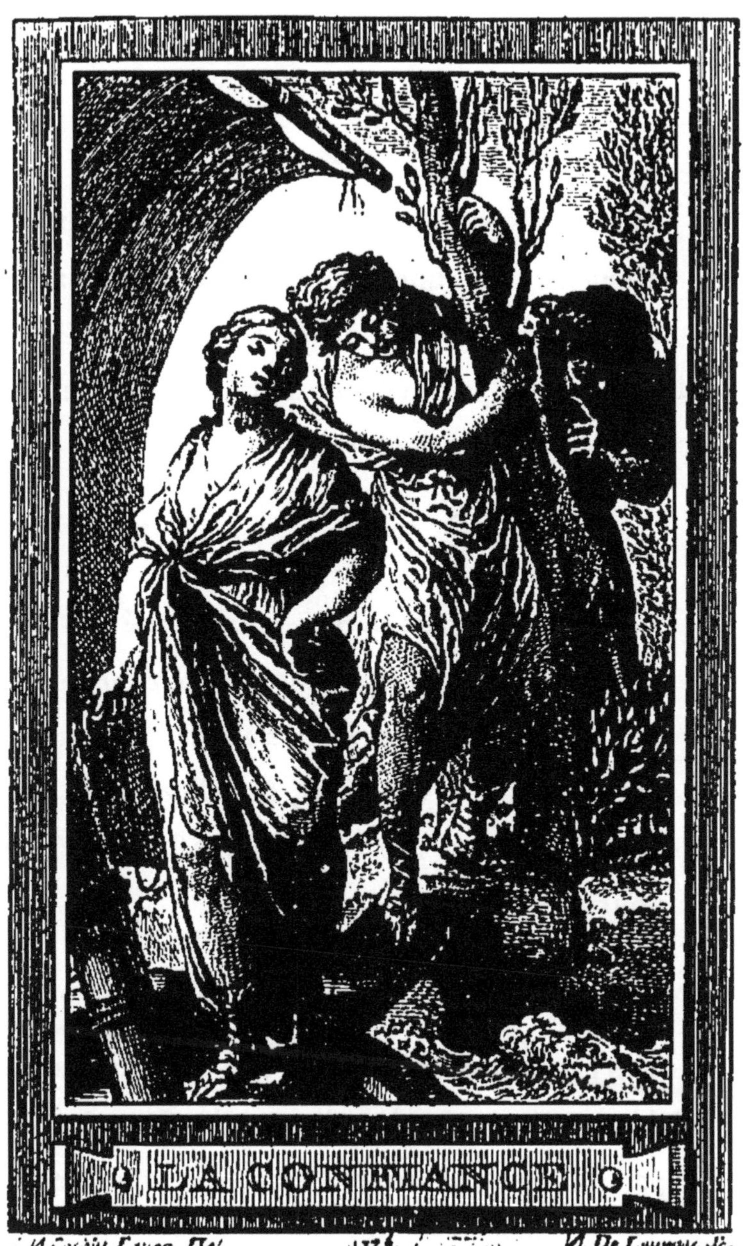
LA CONSTANCE

CONFIANCE.

ASSURANCE dans le danger. On repréfente la *Confiance* par une femme d'un maintien modeſte mais aſſuré, paſſant ſur une planche fort mince pour entrer dans une barque dont la voile eſt déjà déployée.

DÉFIANCE.

LES Iconologiſtes n'ont point parlé de cette figure. On peut repréfenter la *Défiance* ſous les traits d'une femme qui s'avance lentement, en ſe tenant à un arbre, & eſſayant du pied ſi la planche où elle veut paſſer eſt aſſez ſolide pour la ſoutenir.

SOUPÇON.

SENTIMENT moins vague que la défiance, & dont l'objet eſt plus direct. Il eſt perſonnifié par un vieillard attentif qui, du bout de ſon bâton, découvre un piége caché ſous des feuillages.

E 4

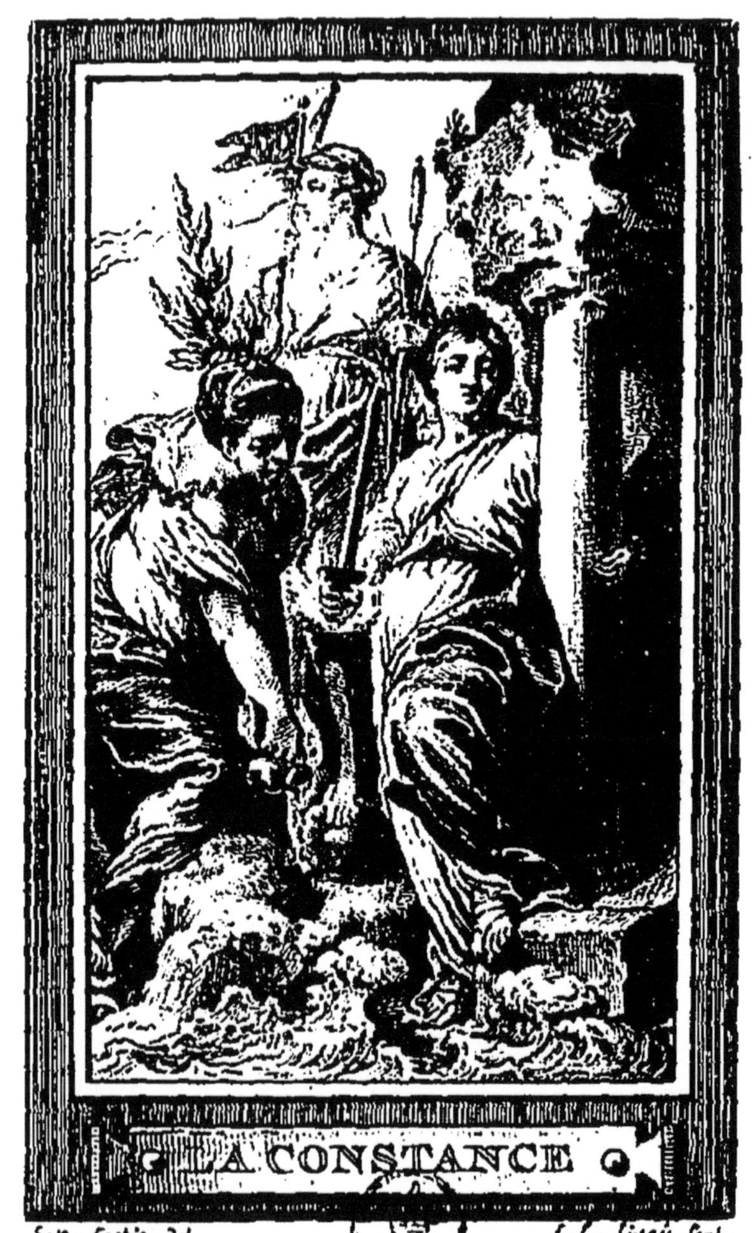

LA CONSTANCE

CONSTANCE.

Vᴇʀᴛᴜ de l'ame qui confifte à braver les dangers, les revers, la douleur & la mort. On la repréfente par une femme, d'une contenance affurée, qui de la main gauche embraffe une colonne, fymbole confacré à la *Conftance*, & de la main droite tient une épée au‑deffus d'un brafier ardent; allufion à la courageufe fermeté de *Mutius Scevola*. La colonne taillée dans le roc, & dont la bafe eft battue par les flots, eft encore un des emblêmes de la *Conftance*.

PERSÉVÉRANCE.

Cᴏᴜʀᴀɢᴇ de furmonter les obftacles par la patience. On peint cette vertu fous les traits d'une femme attentive, entourée d'une guir‑lande d'amaranthe, appuyée fur un laurier, & tenant un vafe d'où elle répand, goutte à goutte, l'eau qui creufe un rocher.

INCONSTANCE.

Légereté d'efprit & de caractère. Les Iconologiftes repréfentent l'*Inconftance* par une jeune femme montée fur une boule, fymbole de la mobil.té; d'une main elle s'appuye fur un rofeau, & de l'autre tient une girouette & une banderole de navire. Ces attributs font trop fignificatifs, pour avoir befoin d'explication.

CAPRICE.

Avec les mêmes fymboles que l'Inconftance; le *Caprice* peut être peint fous la figure d'un jeune homme, coëffé d'un chapeau dont la forme eft bizarre & garnie de plumes de différentes couleurs.

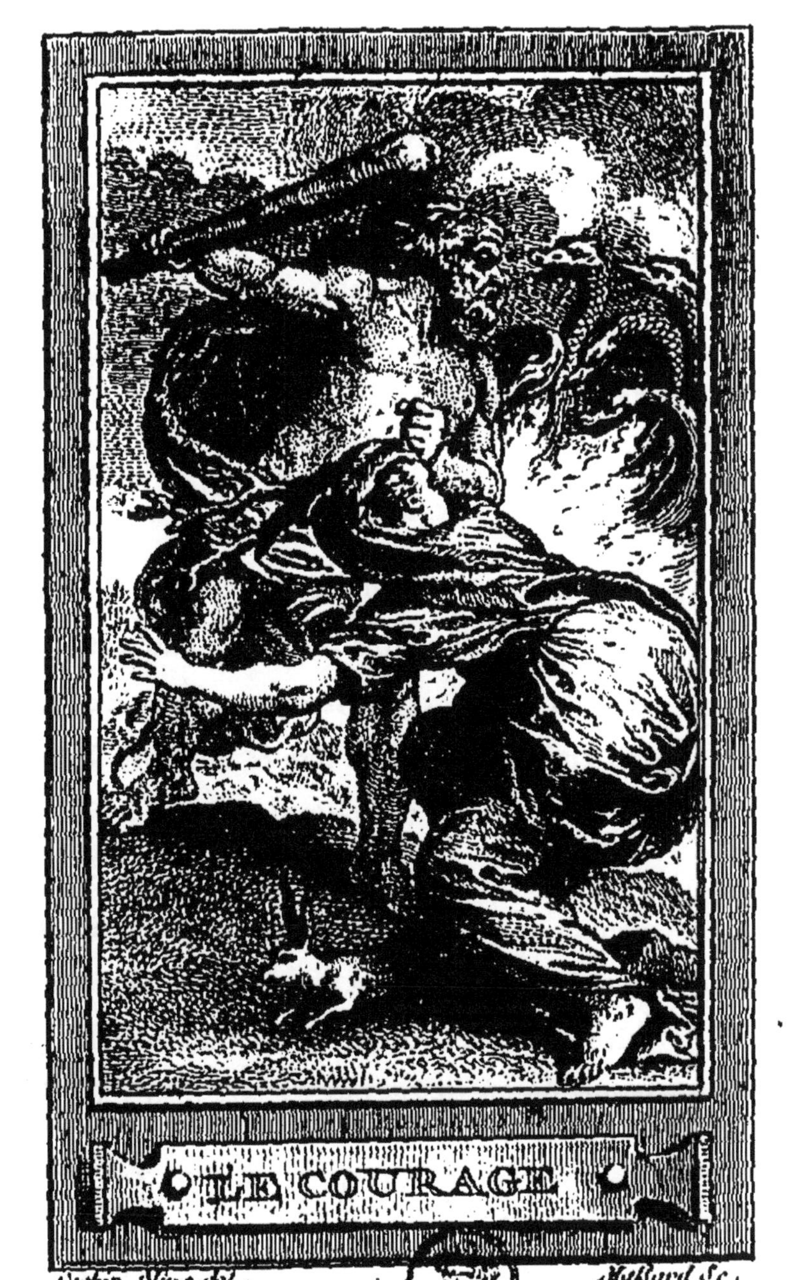

THE COURAGE

COURAGE.

L'ɛᴍʙʟÊᴍᴇ de cette vertu eſt ordinairement repréſentée par Hercule, armé de ſa maſſue & couvert de la peau du lion de Néméc, combattant l'hydre de Lerne.

VALEUR.

Lᴇ courage relatif aux guerriers ſe nomme *Valeur ;* les Romains ont repréſenté cette vertu ſous la figure d'une femme, ayant le caractère martial, le caſque en tête & une épée à ſa ceinture. La *Valeur* tient d'une main la haſte, ſorte de demi-pique ſans fer, qu'on croit être l'ancienne forme du ſceptre, ſymbole du commandement donné à la *Valeur.* On peut lui faire tenir de la main gauche un bouclier, ſur lequel ſera écrit ces mots : *Nec ſorte, nec fato.*

TIMIDITÉ.

Lᴇs Iconologiſtes repréſentent la *Timidité*

fous la figure d'une jeune fille effrayée, flé-
chiffant les genoux, & tournant la tête pour
regarder derrière elle. Le lièvre eft fon attribut,
comme celui de la Crainte; quelques auteurs
lui donnent pour coëffure un bois de cerf,
allufion au caractère craintif de cet animal.

PEUR.

Sentiment produit par la crainte d'un
danger, réel ou apparent. On repréfente la
Peur fous les traits d'une jeune fille, les
cheveux hériffés, le regard fixe, la bouche
ouverte, le teint pâle, & l'attitude immobile.
Le lièvre peut encore être employé pour
fervir d'emblême à la Peur, que les Romains
avoient mis au nombre de leurs bizarres
divinités.

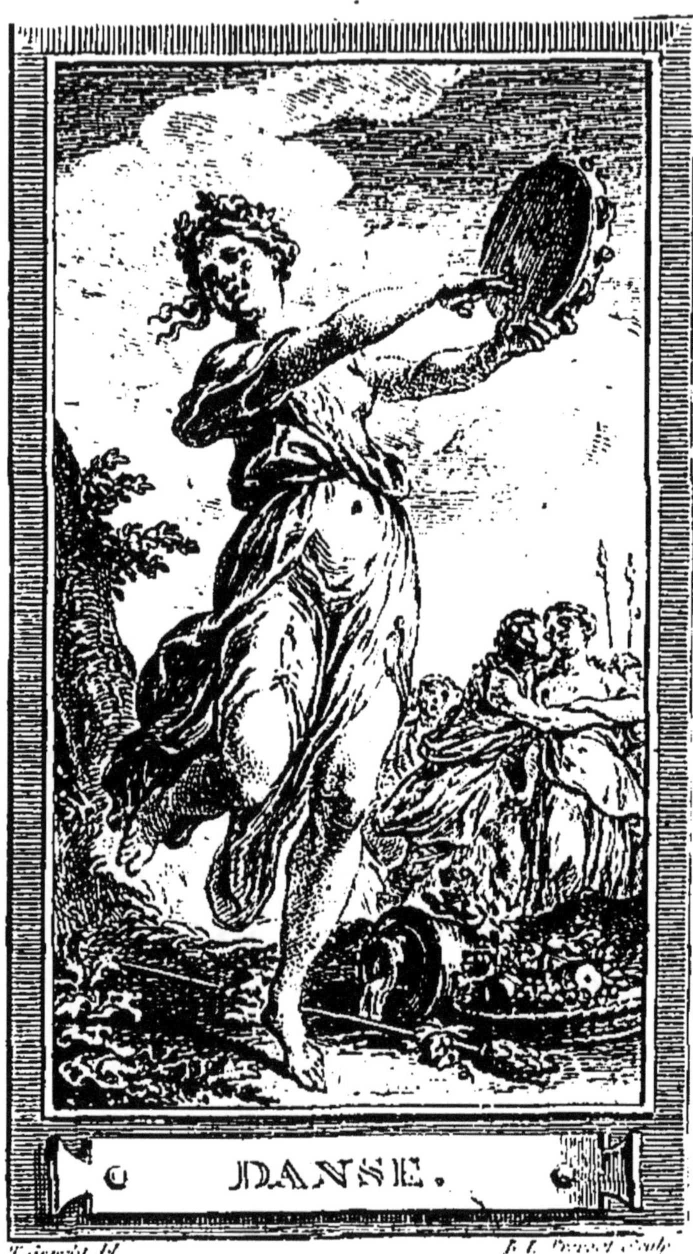

DANSE.

DANSE.

Les mouvemens animés d'une Bacchante qui, couronnée de pampres, touche un tambour de basque, ont paru les objets les plus propres à exprimer cet art, enfant de la gaieté. Le tyrse, le masque, les présens de Bacchus, ainsi que l'action des figures du fond, concourent à caractériser la *Danse*.

On peut consulter l'article *Terpsicore.*

(78)

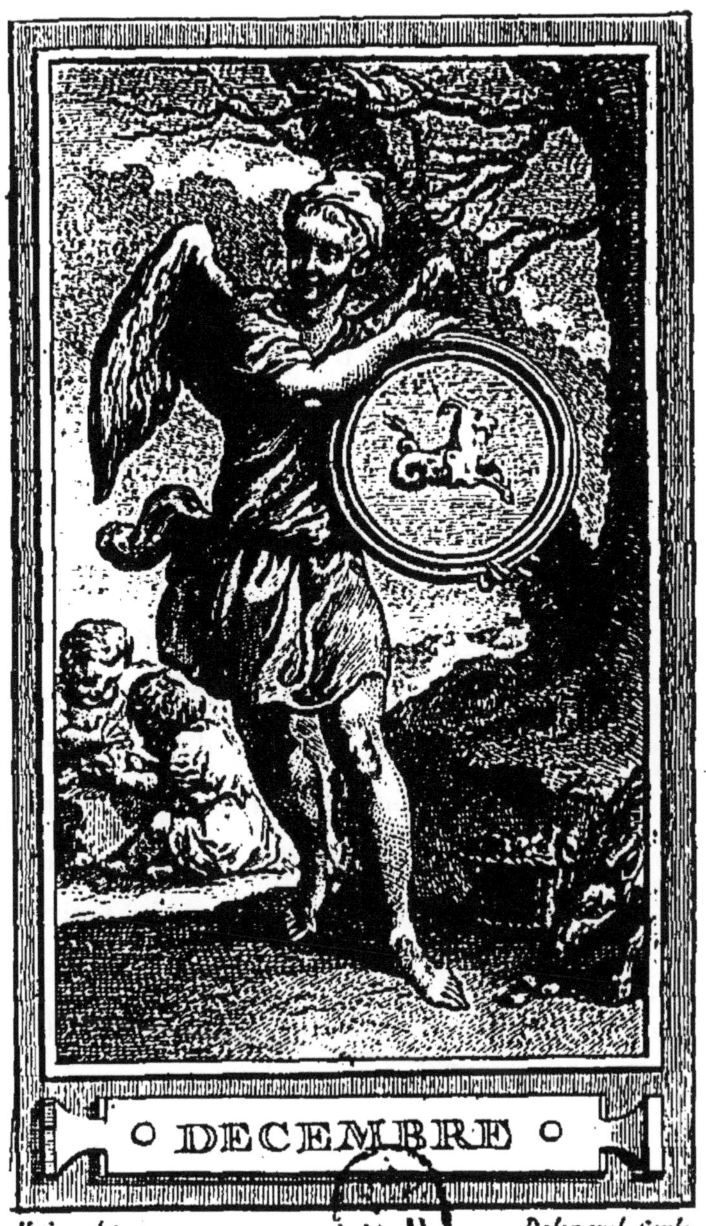

H. Gravelot inv.

Delonguel Sculp.

DÉCEMBRE.

C'ÉTOIT le dixième mois de l'année martiale. La terre alors ayant perdu tous ses ornemens, ce mois n'a plus d'objets agréables à offrir ; aussi le peint-on sans couronne, & même vêtu de noir. Le signe du capricorne est celui où le soleil se trouve pendant ce triste mois. Comme la chèvre sauvage broute en gagnant toujours les hauteurs, quelques iconologistes l'ont cru propre à désigner ce mois, parce que le soleil parvenu dans ce signe au point le plus bas de sa course, ce qui constitue le solstice d'hiver, commence alors en remontant, à se rapprocher de nous. Le seul avantage qu'on reconnoisse à ce dernier mois de l'année, est de donner la perfection aux truffles ; c'est pourquoi, dans le tableau, près d'un panier qui en est rempli, on a placé l'animal qui a l'instinct de les découvrir. Les deux enfans qui tiennent des cartes, montrent

une reſſource contre le vuide de ce mois ; heureux ceux à qui elle n'eſt pas néceſſaire toute
l'année.

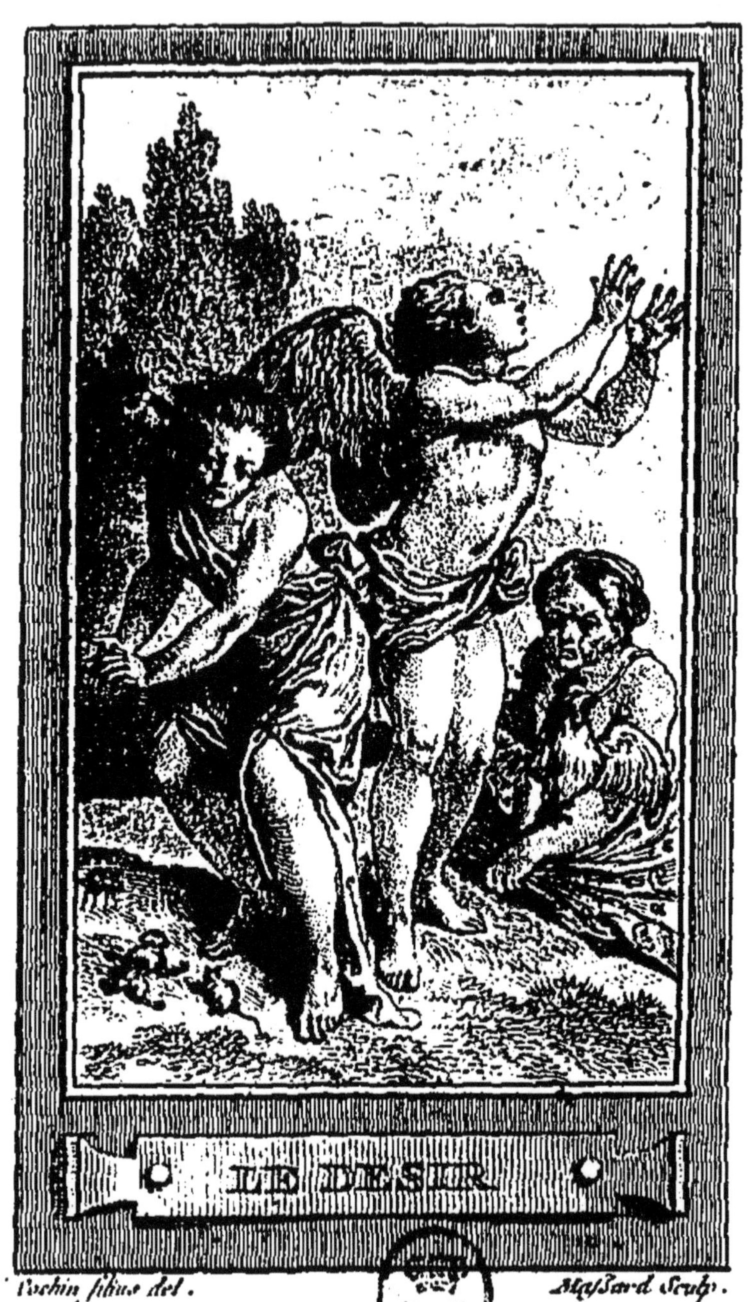

Cochin filius del.   Massard Sculp.

DESIR.

On le peint sous la figure d'un jeune homme ayant des aîles, & dont le visage annonce l'inquiétude & l'agitation de son ame. Les bras étendus, il semble vouloir s'élancer vers l'objet de ses vœux.

ANTIPATHIE.

Répugnance invincible pour quelque objet. L'*Antipathie* est représentée par une jeune fille regardant avec crainte & cherchant à éviter des reptiles pour lesquels les femmes ont ordinairement de l'aversion, tels que les crapauds, les rats & les araignées.

JALOUSIE.

Passion malheureuse qui naît du soupçon & de la crainte de perdre l'objet dont on a la Jouissance. Comme la *Jalousie* est souvent aveugle, on pourroit la peindre avec un bandeau fur les yeux & une couleuvre qui lui ronge le cœur ; mais d'après les emblêmes reçus par les iconologistes, on a préféré de la repréfenter fous les traits d'une vieille femme tenant un coq, parce que cet animal eft naturellement enclin à la *Jaloufie*. La figure qui la repréfente eft entourée d'épines, & fur fa robe font brodés des yeux & des oreilles ; allufion à l'empreffement avec lequel la *Jaloufie* écoute les rapports qui caufent fon tourment.

On ne parle point ici de ce vice honteux qu'affige la gloire, les talens, les fuccès ; il faut confulter l'article *Envie.*

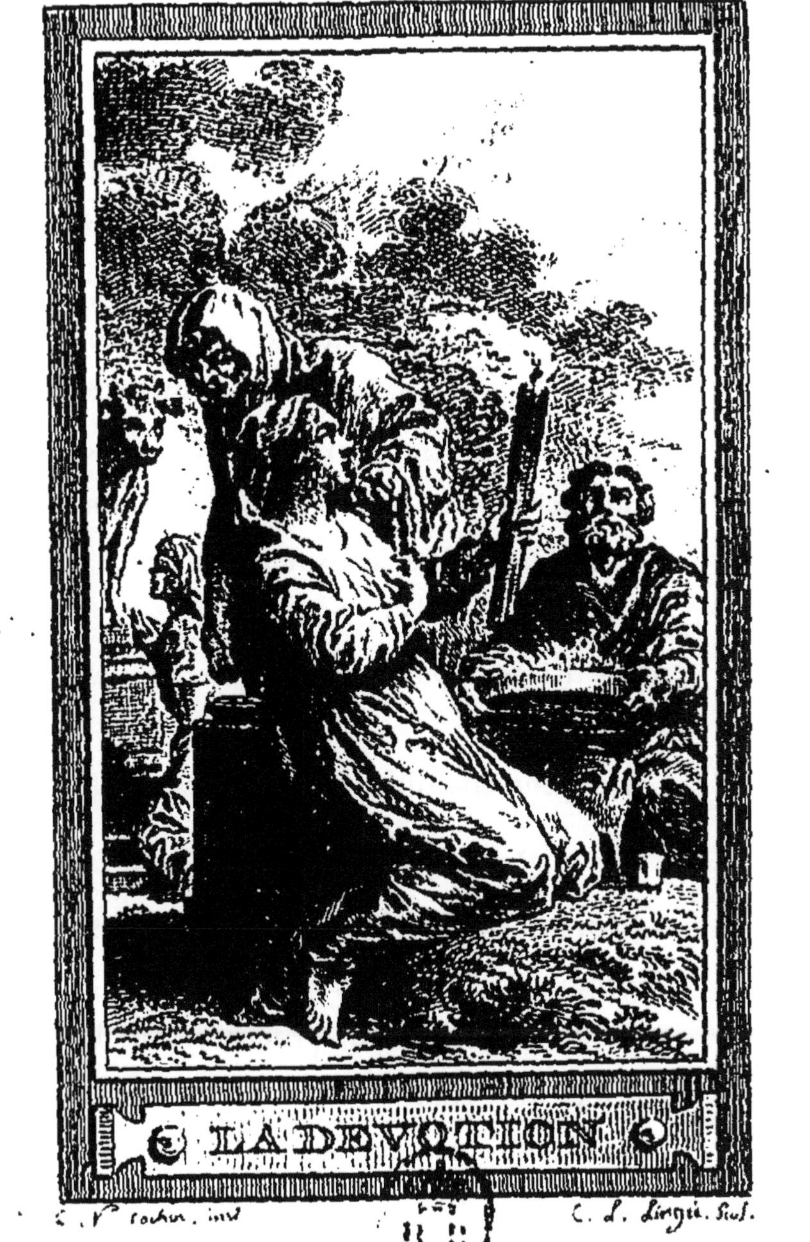

C. P. Cochin. inv.   C. d. Lingée. Sculp.

DÉVOTION.

LA vraie *Dévotion* confiste non - feulement
dans l'obfervation des devoirs impofés par la religion , mais encore dans un dé ouemen: pieux
aux décrets de la providence. On la peint fous
les traits d'une jeune femme vêtue modeftement ,
à genoux , & les yeux tournés vers le ciel ,
d'où s'échappe un rayon de lumière , emblême
de l'efpérance. La *Dévotion* tient de la main
gauche un flambeau , fymbole de la foi , & fa
main droite appuyée fur la poitrine , eft celui
de la charité.

On peut confulter l'article *Piété.*

SCRUPULE.

QUOIQUE le *Scrupule* puiffe être produir par
l'ignorance , plus fouvent il vient du doute ,
& c'eft alors un acte de prudence. On le peint
ici fous ce point de vue , par un vieillard
inquiet , qui regarde le ciel en tenant un
crible , d'où s'envole la paille qu'il fépare du

grain. Auprès du *Scrupule* font un fourneau avec un creufet, attributs particuliers de cette figure.

DOUTE.

Le *Doute* eft repréfenté par un jeune homme tenant d'une main une lanterne, & de l'autre le bâton de l'expérience ; on peut y ajouter des balances en équilibre.

HYPOCRISIE.

Piété feinte qui cache fes vices fous le mafque des vertus. On la repréfente par une vieille femme, pâle, maigre, affectant un maintien auftère ; d'une main elle tient en évidence un grand chapelet, & de l'autre laiffe tomber fon aumône dans un tronc.

IDOLATRIE.

Les artiftes repréfentent ordinairement l'*Ido-lâtrie* fous l'emblème hiftorique de l'adoration du veau d'or. Une femme à genoux devant l'idole, & ayant fur les yeux le bandeau de l'erreur, eft le fymbole le plus généralement connu de l'*Idolâtrie*.

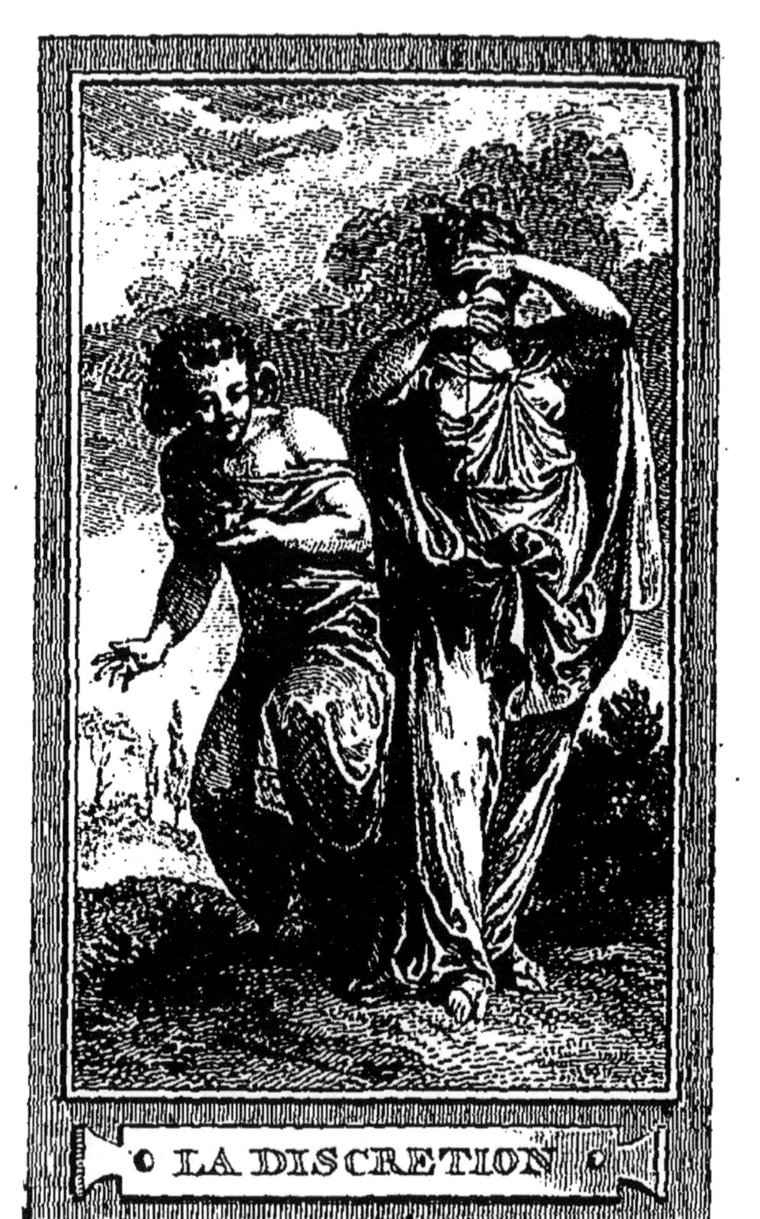

LA DISCRETION

DISCRÉTION.

MODÉRATION dans les difcours & les actions. Cette vertu eft repréfentée par une femme dont le maintien annonce la gravité, elle porte une main fur fes yeux & l'autre fur fa bouche. Les iconologiftes lui font tenir un à-plomb, pour faire connoître que la prudence règle & détermine toutes les démarches de la *Difcrétion.*

INDISCRÉTION.

VICE produit par une curiofité condamnable. On peut repréfenter l'*Indifcrétion* fous la figure d'une jeune perfonne inquiète, ouvrant furtivement un porte-feuille rempli de lettres, ou rompant un cachet.

CURIOSITÉ.

ELLE eft peinte fous les traits d'une jeune fille, l'air attentif, le regard fixe, la bouche entr'ouverte, ayant de petites ailes au-deffus des oreilles, pour défigner la promptitude avec laquelle la *Curiofité* fe tranfporte par-tout où elle croit trouver à fe fatisfaire. Les Egyptiens donnoient à la *Curiofité* une grenouille pour attribut, parce que les oreilles de ce reptile font très-ouvertes.

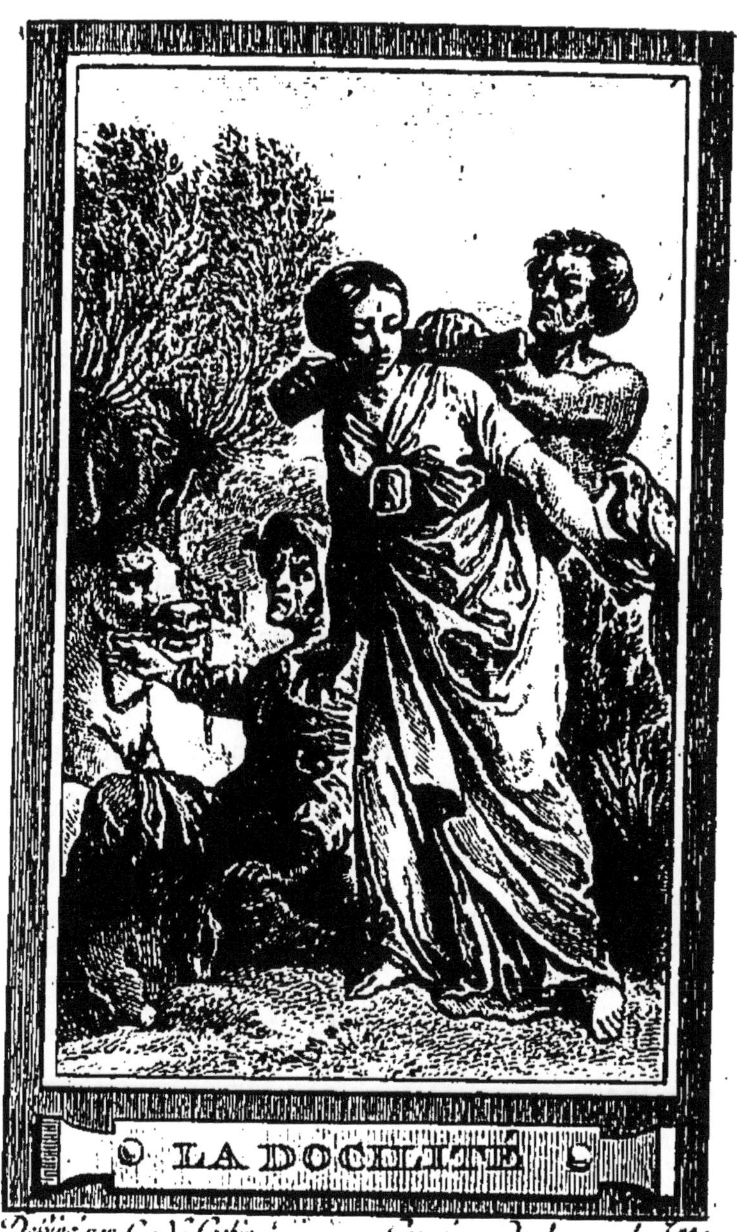

Dessiné par C. N. Cochin — Gravé par de Launay le Jne.

DOCILITÉ.

Une jeune fille, dont les traits annoncent la douceur, & se laissant mettre un joug sur les épaules, est l'emblême sous lequel les iconologistes représentent la *Docilité*. Comme cette qualité est nécessaire pour profiter des conseils, on place un miroir sur sa poitrine ; allusion à la propriété du miroir de réfléchir toutes les images. Le perroquet est encore un des attributs de la *Docilité*, parce que cet oiseau retient les leçons qu'on lui donne avec beaucoup de facilité. Les saules & autres arbres dont les branches sont souples, peuvent également faire partie des attributs de la *Docilité*.

INDOCILITÉ.

Vice qui naît de la présomption. On le peint sous l'emblême d'une femme laide, appuyée sur un porc, & tenant par la bride un âne qui refuse de lui obéir. On sait que chez les anciens l'âne étoit le symbole de l'*Indocilité* & de l'obſtination.

l'âne étoit le symbole de l'*Indocilité* & de l'obſtination.

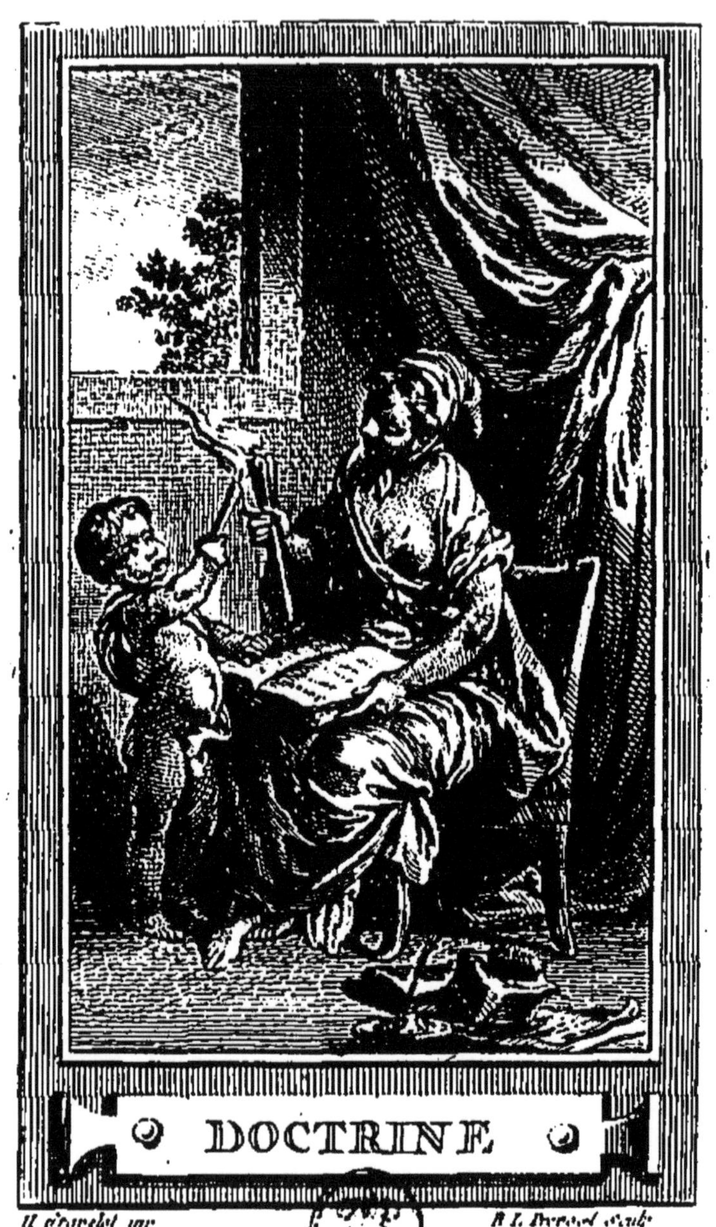

DOCTRINE

DOCTRINE.

LES iconologistes repréfentent la *Doctrine* fous la figure d'une femme dans la maturité de l'âge, parce que la *Doctrine* eft le fruit de l'étude. Le livre ouvert fur fes genoux, défigne l'inftruction dont la propriété eft de fe communiquer comme la flamme. Les efforts que fait l'enfant pour atteindre au flambeau que tient la *Doctrine*, annoncent qu'il faut perfévérer pour parvenir aux grades & aux diftinctions dont les divers attributs font grouppés fur le devant du tableau. Voyez l'article *Science.* La *Doctrine* eft repréfentée dans un réduit fimple & modefte, parce qu'elle dédaigne les richeffes qui ne font pas toujours la récompenfe du mérite.

(90)

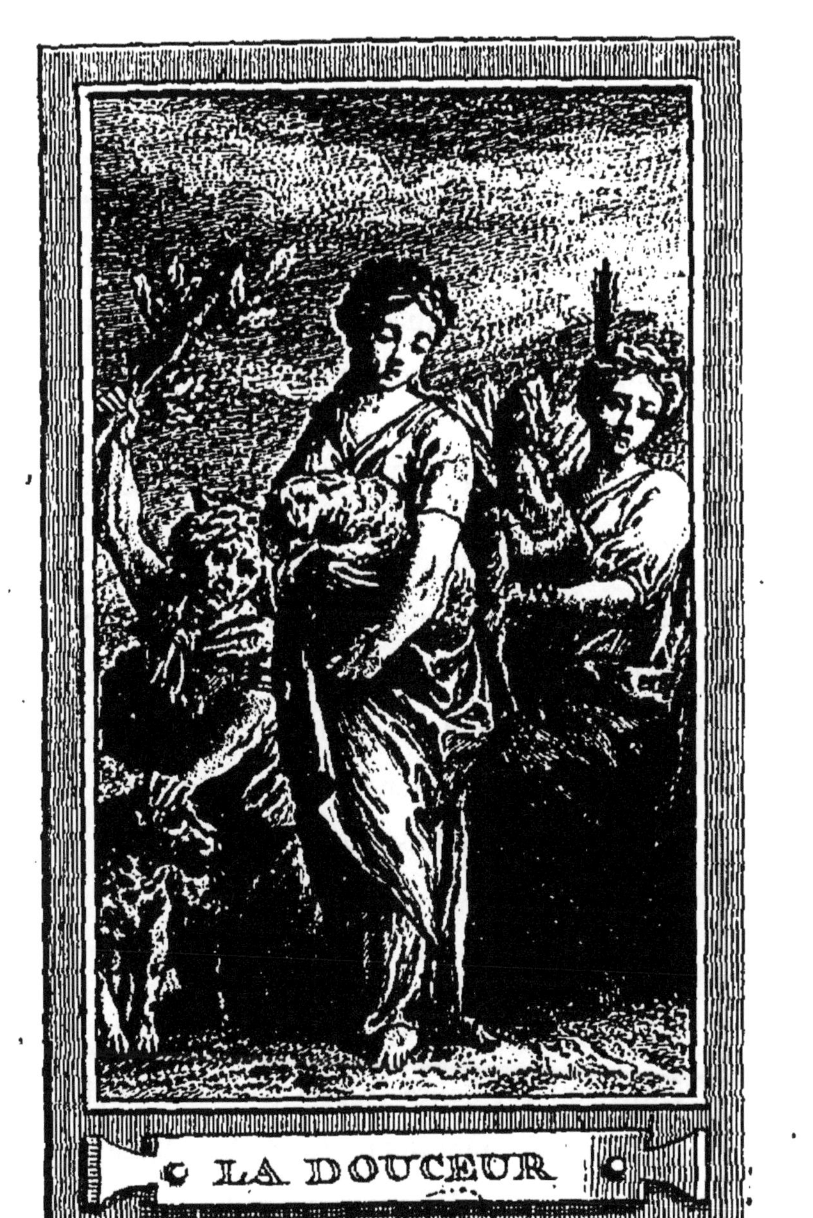

Cochin filius del. Le Veau sculp.

DOUCEUR.

Cette qualité estimable est personnifiée par une jeune fille, les yeux baissés, le maintien modeste, couronnée d'olivier & tenant un agneau, symbole connu de la *Douceur*.

ARROGANCE.

Orgueil insupportable qui tient de la hauteur & du mépris. On peint l'*Arrogance* sous les traits d'une femme vêtue dans le costume asiatique, ayant la tête haute, le regard altier, & tenant un coq-d'inde, symbole de l'orgueil & de la sottise.

FÉROCITÉ.

Caractère affreux occasionné par la souffrance ou par l'excès d'une passion aveugle. La *Férocité* se représente sous l'emblême d'une femme que le désespoir a rendu furieuse; les traits de son visage annoncent le trouble de son ame; elle est coëffée d'une peau de tigre, armée d'une massue de chêne, & appuyée sur un léopard.

FUREUR.

DERNIER période de la colère, qui ne connoît plus ni frein ni danger. Une furie, l'œil étincelant de rage, couverte de blessures, & armée d'un glaive sanglant est l'emblême de la *Fureur*; son attribut est un lion rugissant.

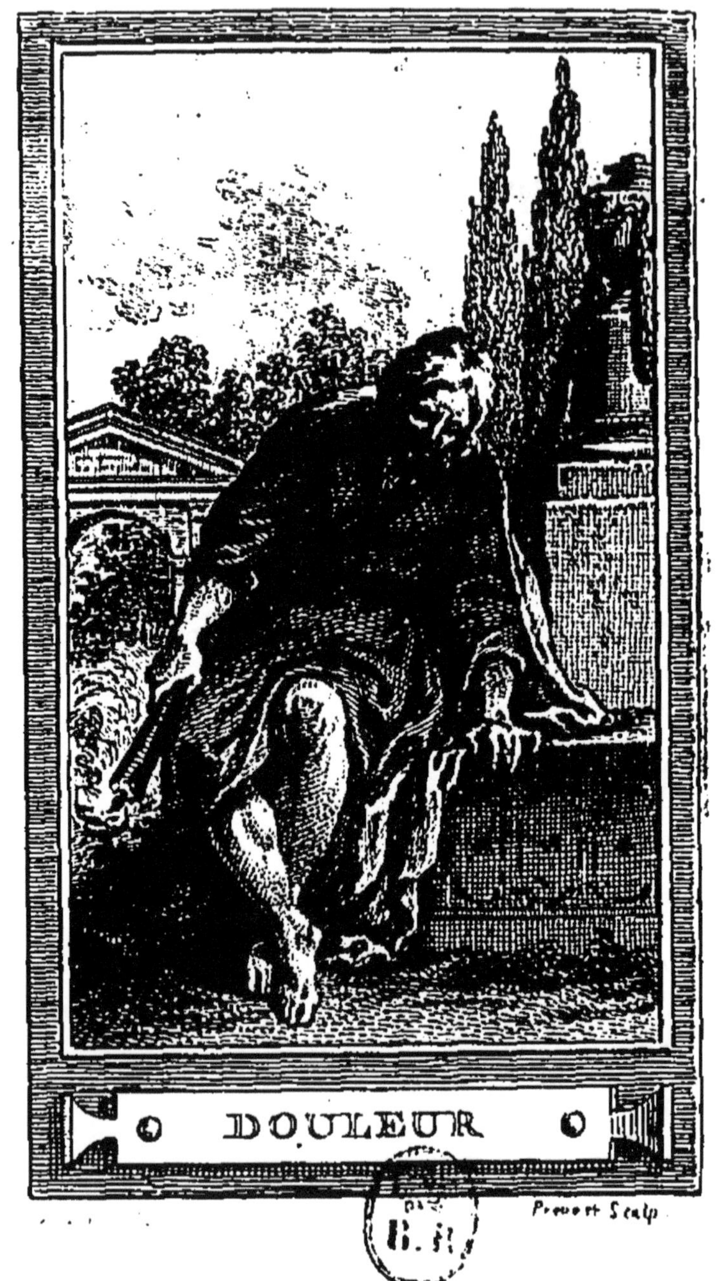

DOULEUR
Prevost Sculp

DOULEUR.

De toutes les affections de l'ame, la *Douleur* est celle qui avertit plus particulièrement l'homme de son existence. On prétend que c'est au célèbre Xeuxis, peintre Grec, qu'on doit l'allégorie dont nous allons faire usage. Un vieillard pâle, triste, abbatu, vêtu de noir, tient un flambeau qui vient de s'éteindre, mais qui fume encore. Le choix de la vieillesse est relatif au sujet, parce que c'est l'âge des in- firmités. La pâleur est le signe ordinaire de la *Douleur*, comme l'abbattement de l'esprit se manifeste par la contenance. Le deuil des vêtemens est l'emblême de celui de l'ame qui, selon quelques Philosophes, étant une flamme pure, a pour symbole un flambeau prêt à s'éteindre. Une urne funéraire placée au-dessus d'un tombeau, entouré de cyprès, annonce le terme fatal où conduit la *Douleur*.

(94)

TABLE DES ARTICLES

DU PREMIER VOLUME.

A.

Tome I.   G